Kerstin Neumüller

EINFACH WEBEN

Haupt
GESTALTEN

Kerstin Neumüller

EINFACH WEBEN

PROJEKTE OHNE WEBSTUHL UND RAHMEN

Haupt Verlag

TEIL 3: WERKZEUG

Vorwort

Vor einigen Jahren wollte ich unbedingt mit dem Weben beginnen. Ich bestellte mir einen Webstuhl, aber aus fünf Wochen Lieferzeit wurde ein halbes Jahr. Die lange Wartezeit machte mich noch ungeduldiger, ich wollte endlich weben. Schließlich kramte ich einen alten Gatterkamm hervor, den mein Großvater vor vierzig Jahren geschnitzt hatte und zog die Kettfäden für ein Band auf, um wenigstens irgendetwas weben zu können. Als der Webstuhl endlich eintraf, war ich mit dem Bandweben so beschäftigt, dass ich ihn erst gar nicht auspackte. Ohne Webstuhl zu weben, hört sich zunächst nach vielen Einschränkungen an, aber es entfallen dabei etliche der Vorarbeiten, die sonst beim Weben anstehen. Außerdem hat man dabei den großen Vorteil, dass man nicht an einen festen Platz gebunden ist, um weben zu können.

Die Zeit verging, bis während eines Frühlingssturms ein Wacholderstrauch auf unserem Hof umstürzte. Ich brauchte gerade ein paar kleine Hölzchen, um Garn aufzuwickeln, holte mir ein Stück vom Wacholderstamm und fing an zu schnitzen. Eines meiner Garnhölzer wurde ziemlich flach und breit, und da fiel mir der Gatterkamm meines Großvaters wieder ein. Ob ich das nicht auch könnte ...? Bald hatte ich meinen ersten Gatterkamm geschnitzt.

Die eigenen Werkzeuge zum Weben anzufertigen, braucht nicht mehr Platz, als man auch zum Weben benötigt, und außerdem macht es richtig Spaß. Für mich als erfahrene Textilhandwerkerin war es ein spannender Einstieg in die Welt des Holzhandwerks. Meine eigenen Arbeitsgeräte herzustellen und sie meinen Bedürfnissen und Wünschen anzupassen, eröffnete mir ganz neue Möglichkeiten. Ab jetzt musste ich meine Webarbeiten nicht mehr nach den Werkzeugen gestalten, die mir zur Verfügung standen, sondern konnte diese genau passend für mich herstellen.

Kerstin Neumüller
Vevelsta, 2021

TEIL 1

TECHNIK

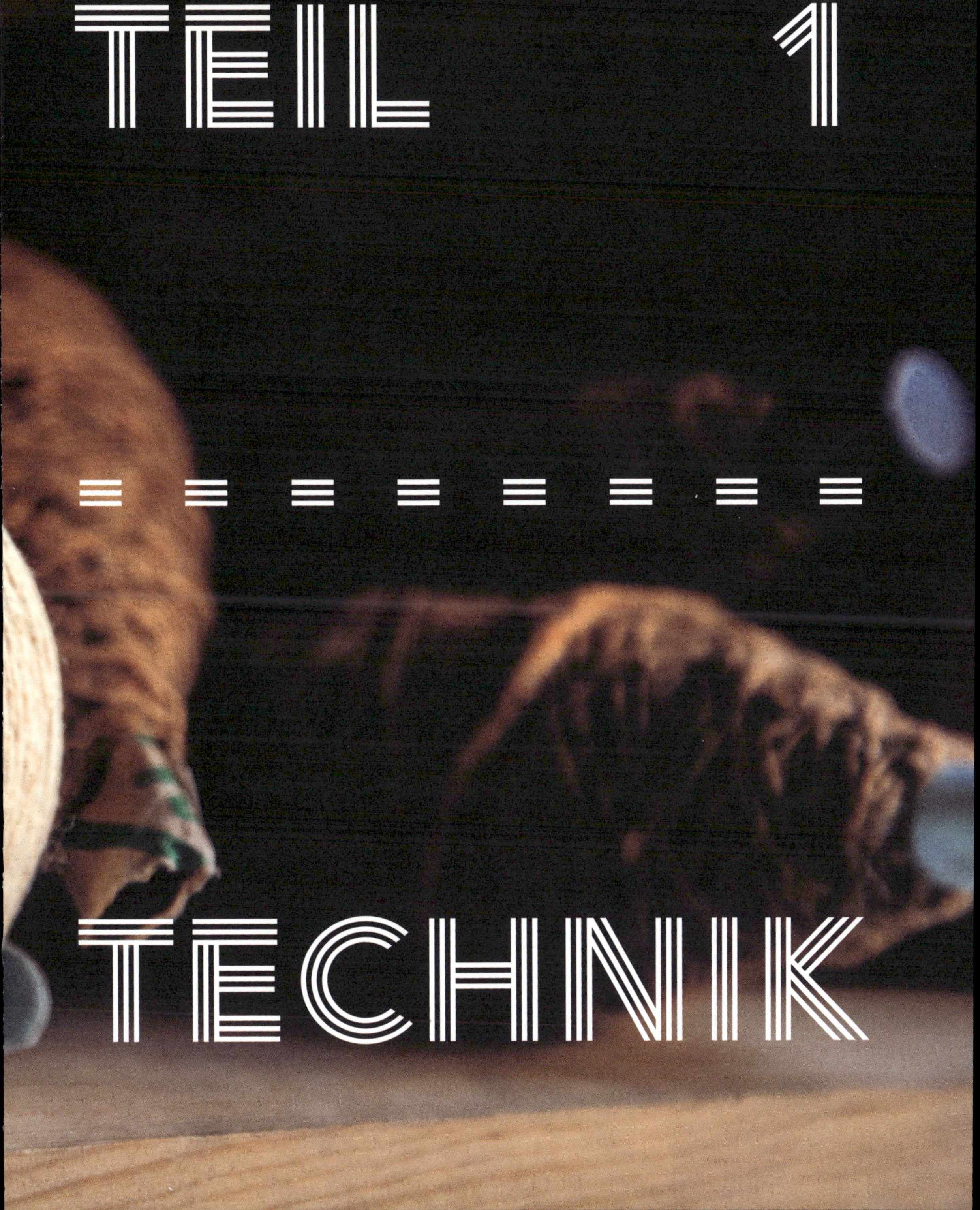

Was ist Weben?

Beim Weben gibt es zwei Grundkomponenten: zwei Fadensysteme, die »Kette« und »Schuss« genannt werden. Bei der Kette sind in der Regel die längs verlaufenden Fäden nebeneinander angeordnet und gespannt, während die quer verlaufenden, als Schuss bezeichnet, zwischen den Kettfäden eingelegt werden (1).

Das einfachste Webmuster ist die Leinwandbindung. Bei ihr verläuft der Schuss jeweils abwechselnd über und unter einem Kettfaden. Man könnte dazu jeden zweiten Faden anheben, wenn man einen Schuss einlegen will, aber das ist sehr zeitaufwendig. Deshalb erfordern viele Webmuster sogenannte »Litzen« als Hilfsmittel. Beim Bandweben sind das meist verknotete Fadenschlaufen, durch die die Kettfäden verlaufen. Litzen werden meist nebeneinander an einem Stab, dem »Schaft«, befestigt. Indem man an den Litzen zieht, kann man die gewünschten Kettfäden anheben (2).

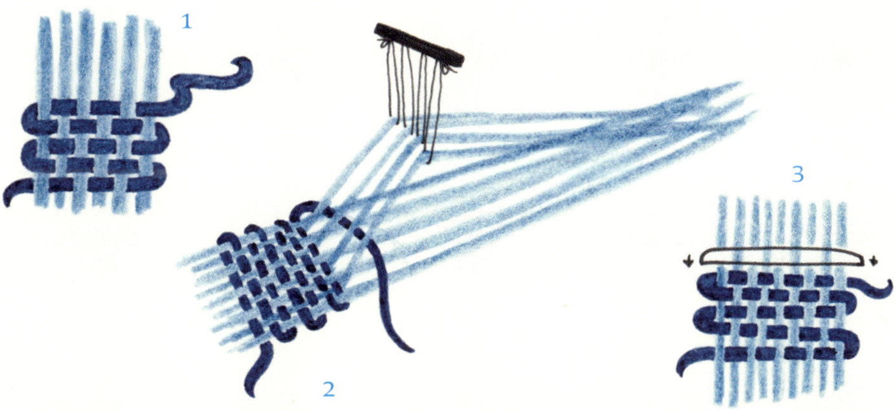

Der Zwischenraum, der beim Anheben des Schafts zu den Kettfäden entsteht, wird als »Fach« bezeichnet. Durch dieses wird der Querfaden, der Schuss, von einer Längsseite des Gewebes zur anderen eingelegt. Das Weben erfolgt wiederholend im Rhythmus durch das Öffnen eines Fachs, das Einlegen des Schusses, den Wechsel des Fachs und durch das Andrücken des Schussfadens, indem im neuen Fach mit einem Gegenstand »angeschlagen« wird. Bei kleinen Webarbeiten verwendet man dazu meist einen flachen, geraden Holzstab, den »Anschlagstab« (3).

Glossar

ANSCHLAGEN – Den Schussfaden nach jedem einzelnen Webvorgang an das Gewebe schieben, dabei mithilfe eines Gegenstands (Anschlagstab oder -messer) im Fach andrücken.

ANWEBEN – Am Beginn einer Webarbeit ein paar Schussfäden mit dickem Garn oder Stoffstreifen weben, um die Kettfäden auszugleichen.

ABSCHNEIDEN – Nach Fertigstellung des Gewebes wird dieses vom Webgerät abgenommen. Dazu schneidet man die Kettfäden hinter dem Gewebe ab.

AUSGEGLICHENES GEWEBE – Bei diesem Gewebe ist von Schuss und Kette jeweils gleichviel sichtbar. Auch ausgewogenes Gewebe genannt.

BINDUNG – System des Fadenverlaufs in einem Gewebe, das je nach Verkreuzung von Kett- und Schussfäden unterschiedlich bezeichnet wird.

COTTOLIN – Mischgarn aus 40 Prozent Leinen und 60 Prozent Baumwolle.

FACH – Der Zwischenraum im Gewebe, der durch das Anheben eines Schafts oder das Hochziehen des Gatterkamms entsteht, wodurch eine Gruppe von Fäden nach oben angehoben wird. Kann sich auch auf die Fadengruppe beziehen, die angehoben wird, wenn die Litzen nach oben gezogen werden.

GATTERKAMM – Kammartiges Werkzeug mit Löchern und Schlitzen, durch die die Kettfäden laufen. Auch als Webe- oder Webkamm bezeichnet.

KETTE – Die Längsfäden in einem Gewebe. Die Kette sitzt fest gespannt, zwischen ihren Fäden wird der Schuss Reihe für Reihe eingelegt.

KETTE VORBEREITEN – Alle Kettfäden so anordnen, dass sie sich an der richtigen Stelle in den Litzen oder im Gatterkamm befinden.

KETTRIPS – Gewebe, bei dem die Kette den Schuss vollständig überdeckt.

KREUZSTÄBE – Zwei flache Stäbe, die in der Kette sitzen und die Kettfäden an der richtigen Stelle halten. Damit die Kreuzstäbe nicht aus der Kette rutschen, können sie mit Garn zusammengebunden werden. Dazu bohrt man Löcher in die Enden der Kreuzstäbe und fädelt das Garn durch.

LÄNGERSTAB – Dieser verlängert die Kette am Webgerät.

LITZE – Eine Schlinge aus festem Garn, die als Hilfsmittel um einen Kettfaden gelegt wird.

LITZENSTAB – Ein flacher, gerader Stab, an dem die Litzen befestigt werden.

TRENNSTAB – Ein flacher Stab, der in die Kette eines Gurtwebgeräts integriert ist und das Fach bildet, wenn er hochkant gestellt wird.

SAUBERES WEBFACH – Das Fach öffnet sich, ohne dass Kettfäden verrutscht sind oder schief liegen.

SCHÄRBAUM – Gerät zur Vorbereitung einer langen, breiten Kette.

SCHÄRFOLGE – Ein Diagramm, das zeigt, in welcher Reihenfolge die Kettfäden angeordnet werden sollen.

SCHAFT – Dieser besteht aus dem Litzenstab und den Litzen.

SCHUSS – Das Garn, das zwischen den Kettfäden eingelegt wird und diese damit so verbindet, dass ein Gewebe entsteht.

SCHUSSRIPS – Gewebe, bei dem die Schussfäden die Kette komplett überdecken.

WEBGERÄT EINRICHTEN – Sammelbegriff für alle Vorbereitungen für das Weben, vom Schären der Kette bis zum Anweben.

Das Webgarn auswählen

Es gibt viele verschiedene Garne, die für ganz unterschiedliche Zwecke herstellt werden. Webgarne sind häufig etwas kompakter und kräftiger als beispielsweise Strickgarne, weil sie stärker beansprucht werden. Bei der Wahl des Kettgarns muss man darauf achten, dass das Garn nicht zu locker versponnen ist. Sonst reiben sich die einzelnen Fäden beim Wechseln des Webfachs aneinander, wobei sich die Fasern ineinander verhaken können, was schließlich zum Verschleiß des Garns führt. Bei einfädigen Garnen als Kettgarn passiert dies oft, weshalb es für Anfänger ratsam ist, ein zwei- oder mehrfädiges Kettgarn zu verwenden. Hat man etwas Erfahrung gesammelt, kann man besser beurteilen, ob ein Garn zum Weben haltbar genug ist.

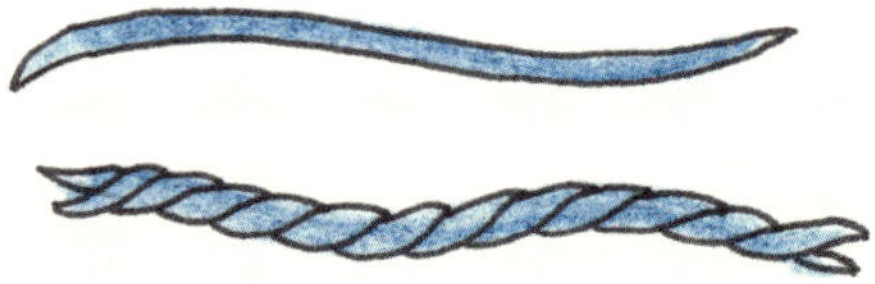

Ansonsten sind der Phantasie kaum Grenzen gesetzt. Die Dicke des Garns spielt für die Durchführbarkeit eines Projekts keine große Rolle, und vom Nähfaden bis zum Seil kann eigentlich alles verwendet werden.

Eines steht aber fest: Man sollte kein Material verwenden, das minderwertig und unansehnlich ist, wenn daraus etwas Schönes entstehen soll. Was also etwa beim Nähen bedeutet, kein Kleid aus einem verwaschenen, verschlissenen Laken zu schneidern, denn ganz gleich, wie gut es verarbeitet ist, der Stoff wird immer seine eigene Sprache sprechen. Dasselbe gilt auch beim Weben.

Vergeuden Sie keine Zeit bei einem Projekt mit einem Material, das sich nicht gut und richtig anfühlt. Vielleicht ist es ein Knäuel unregelmäßig gesponnenes Baumwollgarn, bei dem man denken könnte, »Ach, das macht doch nichts, es wird trotzdem eine gute Kette«. Das wird es garantiert nicht. Es kann auch eine Farbe sein, die nur ungefähr Ihrer Vorstellung entspricht, aber eben nicht ganz. Überlegen Sie sich bei der Planung gut, ob Sie mit dem Ergebnis so auch zufrieden wären.

WELCHE ROLLE SPIELT DER SCHUSSFADEN?

Die Dicke und Farbe des Schussgarns können einen großen Einfluss auf die Struktur des Gewebes haben. Für Kettrips etwa bevorzuge ich ein ziemlich feines Schussgarn, weil damit das Muster schöner hervorkommt, aber dabei besteht auch das Risiko, dass der Schuss zu dünn ist. Typische Anzeichen dafür sind, dass die Fäden nicht gleichmäßig nebeneinander liegen, sondern etwas über- und untereinander geraten. Das liegt daran, dass die Kettfäden nicht genug herausgearbeitet werden. Der Widerstand des Schussfadens ist zu gering, sodass keine Rippe entsteht. Nimmt man ein dickeres Schussgarn, werden sich die Rippen schön gleichmäßig ausrichten.

Bei einem ausgewogenen Gewebe (einem mit gleicher Kett- und Schussdichte) kann man gut ausprobieren, wie sich dünnes und dickes Schussgarn im Gewebe verhält. Beim Schussrips ist der Schuss allein ausschlaggebend, denn er überdeckt die Kette komplett. Hier drückt der Schuss die Kettfäden auseinander und die Breite des Gewebes kann je nach Dicke des Schusses variieren.

Andererseits kann ein zu dicker Schuss das geplante Muster auseinanderziehen und das Webstück wird locker und weich – was natürlich auch interessant sein kann.

Damit sich das Schussgarn beim Weben von breiten Textilien nicht verheddert, sollte man es aufwickeln. Dazu verwendet man ein Schiffchen, wie unten abgebildet. Bei Bändern und schmalen Geweben genügt es, jeweils die Schussfäden in Armlänge zuzuschneiden und dann gleich zu verweben, so lässt sich am besten damit arbeiten.

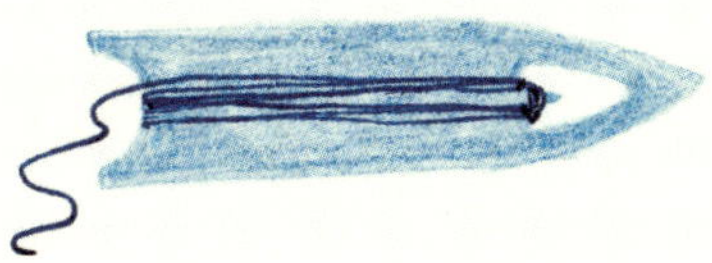

DEN SCHUSS VERLÄNGERN

Früher oder später geht der Schussfaden zur Neige und man muss ihn verlängern, um weiter weben zu können.

Webt man ein Ripsband, lässt man den neuen Schuss in einer Runde mit dem alten doppelt laufen; der restliche alte Schussfaden bleibt dann am Rand hängen und man webt mit dem neuen weiter. Dadurch werden altes und neues Fadenende gesichert und das Band kann sich nicht auflösen. Ist es fertig gewebt, werden alle Schussfäden, die nach außen hängen, möglichst dicht an der Kante abgeschnitten, damit sie später nicht zu sehen sind.

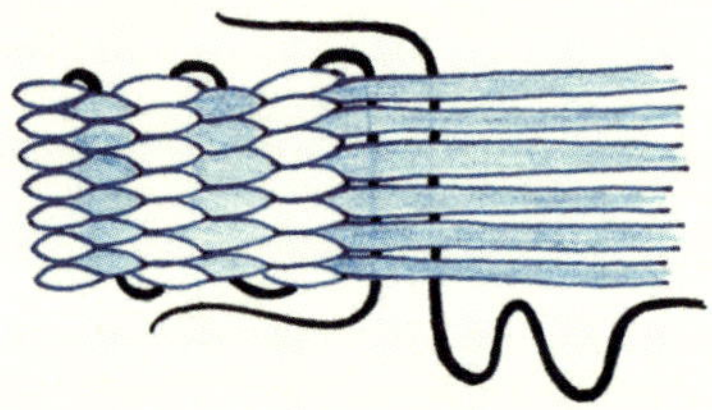

Bei einem ausgewogenen Gewebe (siehe unten links) wird der alte Schussfaden ein paar Zentimeter in das folgende Fach und dann auf die Unterseite gelegt. Webt man den neuen Schussfaden im gleichen Fach wie den alten, wird das kurze Ende dadurch gesichert. Das neue Garnende wird im folgenden Fach ebenso gesichert.

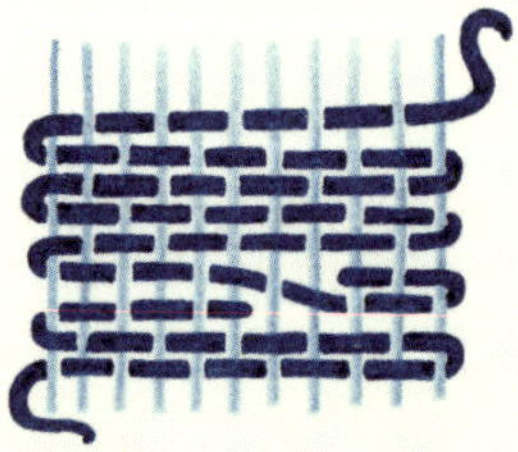

Webt man im Schussrips (siehe oben rechts), verlängert man den Faden, indem man beide Schussenden übereinander ins selbe Fach legt und diese auf der Rückseite heraushängen lässt. Nach dem Weben vernäht man alle überstehenden Fäden auf der Rückseite mit ein paar Stichen und schneidet sie dann ab.

Wickelt man das Garn um ein Stück Pappe, sieht man schnell, ob zwei Farben miteinander harmonieren.

DIE FARBWAHL

Für mich ist der Schaffensprozess oft mit der Suche nach einem Gefühl verbunden. Anfangs ist meist noch nicht ganz klar, welche Farben sich für ein Projekt eignen könnten. Ich finde es hilfreich, wenn man experimentiert und ein paar Probestücke anfertigt oder, wie es die Künstlerin Astrid Skibsted macht, wenn man das Garn auf ein Stück Pappe wickelt, um zu sehen, wie sich die Farben dabei verhalten.
Manchmal dauert es lange, bis einen die Farbwahl überzeugt. Ich arbeite häufig mit Komplementärfarben, diese stehen sich im Farbkreis gegenüber und heben sich gegenseitig hervor. Dabei muss man nicht unbedingt die kräftigsten Nuancen verwenden, um eine ausdrucksstarke Kombination zu erreichen. Ich verwende beispielsweise gern warme Brauntöne mit einem Hauch von Orange, um die blauen Farbtöne hervorzuheben, die ich besonders mag.

Die Kette

Der Teil des Gewebes, der Kette genannt wird, besteht aus abgemessenen Fäden, die in einer klaren Reihenfolge angeordnet sein müssen, bevor man mit dem eigentlichen Weben beginnt.

Bei diesem »Vorbereiten der Kette« ist es wichtig, darauf zu achten, dass die Kettfäden sich nicht überkreuzen und alle dieselbe Spannung haben. Wenn man dabei ungeduldig und nachlässig ist, wie ich es häufig war, kann das Projekt misslingen.

Eine gleichmäßig gespannte Kette zustande zu bringen, ist keine Zauberei. Es erfordert aber Sorgfalt, methodisches Arbeiten und Geduld.

PLANUNG DER KETTE

Um ein Webstück vorzubereiten, muss man die erforderliche Länge der Kette ausrechnen. Bei den kleinen Webarbeiten in diesem Buch sind etwa zehn Zentimeter Überstand an der Unterkante und 20 Zentimeter an der Oberkante eingeplant. Beim Weben mit dem Gurtwebgerät muss man vorn circa 20 Zentimeter und hinten 30 Zentimeter zugeben. Auch das eigentliche Gewebe verbraucht zusätzlich Garn in der Länge. Man sollte mit einrechnen, dass die Kette sich etwa um ein Sechstel zusammenzieht, wenn man Ripsband webt, und etwas weniger bei anderen Techniken.

Um zu verstehen, wie ein Webmuster aufgebaut ist, empfiehlt es sich, eine Skizze anzufertigen, bevor man die Kette aufzieht. Ich kann stundenlang an einem neuen Muster tüfteln und die Kästchen auf meinem Millimeter-Block ausmalen. Wenn ich mir sicher bin, wie das Muster aussehen soll, mache ich eine Skizze mit der Anordnung der Kettfäden, die sogenannte »Schärfolge«. Sie besteht aus je einer Reihe Kästchen für jeden Schaft im Gewebe. Die meisten Projekte in diesem Buch haben nur zwei Schäfte, sodass die Skizzen dann aus zwei Reihen bestehen. Wenn ich einen Kettrips abbilde, ist die untere Reihe etwas versetzt zur oberen, damit die Illustration dem Gewebe so weit wie möglich entspricht. Beim Skizzieren eines ausgewogenen Gewebes liegen die Kästchen etwas weiter auseinander. Manchmal ist der Skizze eine Klammer mit einer Ziffer beigefügt; dann soll dieser markierte Bereich entsprechend oft wiederholt werden, bevor die Kette dann weiter aufgezogen wird.

Fädelt man während des Aufziehens die Kettfäden in einen Gatterkamm ein, kann man ausgehend von der Schärfolge die obere Reihe in die Löcher des Kamms und die untere Reihe in die Schlitze einziehen.

Misst man die Kettfäden ab, ohne sie gleich in den Gatterkamm einzuziehen, dann folgt man beim Abmessen der Kettfäden der Schärfolge, damit die Farben in der geplanten Kette die richtige Reihenfolge haben. Um diese Farbfolge aus einer zweireihigen Skizze leichter ablesen zu können, werden sie hier mit Buchstaben notiert.

Eine schriftliche Schärfolge für dieses Band sieht so aus:

WWSSWSWSWSWSWWGWGWGWGWGWGWWSWSWSWSWSSWW

»W« steht für weiß, »S« für schwarz und »G« für grün.

Tipp: An den Kanten nimmt man das Garn für die beiden äußersten Fäden der Kette am besten doppelt. So erhält man stabile Ränder. Eine Ausnahme bildet dabei das Kettripsband, bei dem dies überflüssig ist. In der Schärfolge sind die doppelten Fäden mit einer kleinen Zwei neben den entsprechenden Kästchen markiert.

KENNZEICHNUNG DER GARNSTÄRKEN

Wenn man Webgarn kaufen will, muss man sich zunächst mit den Kürzeln beschäftigen, die die Dicke des Garns kennzeichnen. Hier die wichtigsten Nummerierungen für Garnstärken:

Nm – metrische Nummerierung: Die Kennzeichnung für Garne aus verschiedenen Materialien, bis auf Seide und Synthetikfasern. Sie gibt an, wie viele Meter Garn ein Gramm wiegen.
Ist ein Garn mit Nm 1 gekennzeichnet, bedeutet das, dass ein Meter Garn einem Gramm entspricht. Der Nm-Ziffer folgt häufig ein Schrägstrich und eine zweite Ziffer, wie 16/2. Dann zeigt die 16 an, dass hier 16 Meter Faden ein Gramm wiegen. Die Ziffer 2 steht dafür, dass das Garn aus zwei miteinander verzwirnten Fäden besteht, sodass das Garn genauso dick ist wie ein Garn mit der Stärke 8/1, das heißt acht Meter auf ein Gramm einfädiges Garn. Die erste Zahl gibt also immer die Fadendicke an, die zweite Zahl die Anzahl der verzwirnten Fäden.
Beispiel: Garn Nm 1/1 = 1 Meter je Gramm (bzw. 1 000 Meter je Kilogramm)

NeB, NeL – Die alten englischen Angaben für Baumwolle und Leinen leiten sich von Gewichts- und Längenbezügen (Yards und Pfund) ab.
NeB gibt an, welche Länge an Garn pro Gewichtseinheit erzeugt werden kann. Umgerechnet bedeutet das in diesem Fall, wie viele Längeneinheiten mit 768,10 Meter Garn 453,60 Gramm (ein englisches Pfund) wiegen.
NeL gibt an, wie viele Längeneinheiten mit 274,30 Meter Garn 453,60 Gramm wiegen.
Beispiel: Baumwollgarn NeB 1/1 = ca. 1,70 Meter je Gramm
Leinengarn NeL 1/1 = ca. 0,60 Meter je Gramm

Bei all diesen Nummerierungen gilt: Das Garn wird dünner, je höher die Ziffer ist. Die Stärke eines zweifädigen Garns entspricht der eines einfädigen mit einer halb so hohen Nummerierung. Zwei Garne mit der gleichen Nummerierung sind nicht unbedingt auch gleich dick, wenn sie aus verschiedenen Materialien bestehen.

Tex ist ein weiteres System für die Garnkennzeichnung. Es gibt in Gramm an, wieviel 1 000 Meter des Garns wiegen. Tex 1 = ein Gramm je 1 000 Meter Garn. Auch hier werden mehrfädige Garne gekennzeichnet. Tex 50/2 steht für ein zweifädiges Garn, bei dem ein einzelner Faden 50 Gramm auf 1 000 Meter wiegt; also wiegt das Garn selbst 100 Gramm auf 1 000 Meter. Zwei Garne mit derselben Tex-Nummer sind also gleich lang, wenn sie gleichviel wiegen, aber sie können immer noch unterschiedlich dick sein, je nachdem, ob sie fest oder locker verzwirnt sind.

In den USA misst man Webgarn in WPI – Wraps per Inch. Diese Kennzeichnung wird für alle Materialien verwendet und basiert darauf, dass man das Garn um ein Lineal wickelt (nicht allzu fest). Die Anzahl der Wicklungen auf einen Inch ergibt die WPI-Nummer. Das System ist nicht so exakt, aber andererseits etwas leichter zu handhaben. Haben zwei Garne, egal aus welchem Material, dieselbe WPI-Nummer, dann sind sie gleich dick.

WIE DICK IST MEIN GARN?

Wenn ich eine Kette plane, möchte ich gern Garne verwenden, die etwa gleich stark sind. Um zu sehen, ob zwei Garne die gleiche Stärke haben, nimmt man je ein Stück Faden, hängt diese wie abgebildet aneinander und verdreht die beiden ineinander zwischen den Fingern, bis sie fest miteinander verdrillt sind.

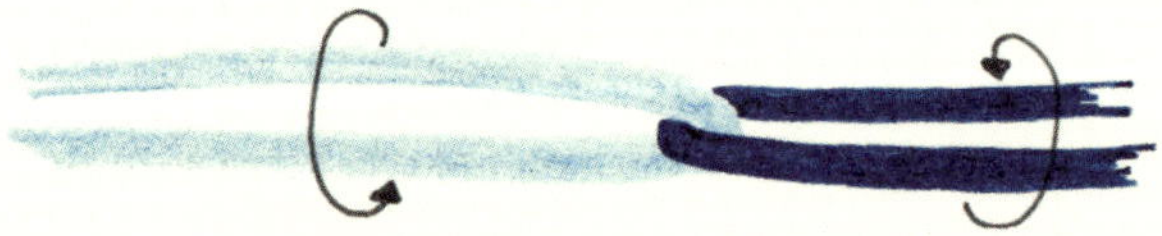

Wer es etwas genauer angehen möchte, misst zehn Meter Garn ab, wiegt es und errechnet sich die Nummernstärke selbst. Dazu ist jedoch eine Feinwaage erforderlich.

DIE KETTE FÜR EIN KURZES BAND MIT DEM GATTERKAMM AUFZIEHEN

Wenn man ein Muster ausprobieren oder nur 30 bis 40 Zentimeter weben möchte, kann man folgendermaßen vorgehen.

Sie benötigen:

- Kettgarn
- einen Stuhl mit gerader Lehne
- Schussgarn
- Gatterkamm
- Schere
- einen Gürtel
- zwei kräftige Schnüre

Mit der Garnfarbe beginnen, die im ersten Loch des Gatterkamms sitzen soll. Dazu einen Faden abschneiden, der etwas mehr als doppelt so lang wie die Breite der Stuhllehne ist, den Faden um die Lehne wickeln, durch ein Loch des Gatterkamms ziehen und verknoten. Nun folgt der erste Faden, der in einem Schlitz des Kamms sitzen soll, dann alle weiteren Fäden, bis die Kette vollständig ist. Zum Schluss alle Fadenenden direkt vor und hinter den Knoten abschneiden, wie abgebildet.

Die Fadenenden hängen nun lose, das Fadenbündel an beiden Enden verknoten, damit die Kettenenden gesichert sind. An einem Ende eine Schnur mittig durch die Kette ziehen und diese an einem festen Punkt verankern, wie an einem Fensterhaken oder ähnlichem, der einem kräftigen Zug standhält.

Die zweite Schnur am Knotenende mittig durch die Kette ziehen, dann die Schnur um die Taille knoten und die Kette anspannen. Darauf achten, dass diese sich nicht um sich selbst dreht und dass alle Fäden gerade liegen und die anderen so wenig wie möglich kreuzen, insbesondere diejenigen, die (aus Ihrer Sicht) vor dem Gatterkamm liegen. Die dahinterliegenden Fäden werden sich immer etwas kreuzen, wenn man auf diese Weise webt. Fahren Sie mit den Fingern durch die Kette vor dem Gatterkamm und prüfen Sie, ob alle Fäden gleichmäßig stramm sind. Man kann auch den Gatterkamm durch die Kette hin und her führen und prüfen, ob eine Partie ungleich gespannt ist.

Wenn alles passt, teilen Sie die Kettfäden in zwei Hälften auf und knoten sie am umgelegten Gürtel fest. Danach wieder sorgfältig die Spannung überprüfen, bei Bedarf den Knoten noch einmal lösen und justieren.

Dann kann man mit dem Weben beginnen. Die ersten Schussfäden sehen zwar unschön aus, aber das macht nichts, denn diesen Teil kann man später wegschneiden.

DIE KETTE AM TISCH SCHÄREN

Eine eher schmale Kette kann man auch gut an einer Tischplatte schären.

Sie benötigen:

- Kettgarn
- eine Tischplatte, die die Tischbeine überragt
- Kreuzstäbe
- etwas zum Beschweren, wie ein Buch

Bei einer ziemlich schmalen Kette bis zu etwa 40 Fäden funktioniert das Schären an der Tischplatte gut. Bei breiteren Projekten sollte man einen Schärbaum verwenden. Die Kette am Tisch wird doppelt so lang wie die Tischbreite, was für ein kleines Projekt völlig ausreichend ist.

Den ersten Kettfaden um die Tischbreite herumlegen und verknoten. Den Knoten an eine Tischkante (hier rechte Seite) schieben und dann so viele Fäden um die Tischplatte wickeln, wie es die Schärfolge vorsieht. Bei einem Farbwechsel schneidet man den Faden ab, verknotet ihn mit dem neuen Faden in der neuen Farbe und macht dann damit weiter. Dabei werden sich die Fäden an der rechten Tischkante leicht überkreuzen, aber das macht nichts, solange sie an der linken Kante in der richtigen Reihenfolge entsprechend der Schärfolge liegen.

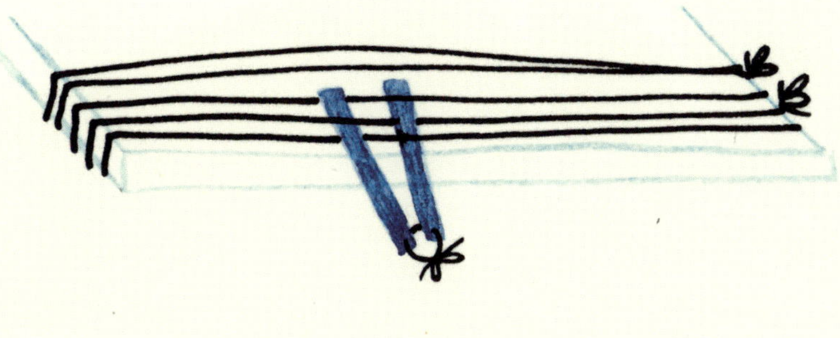

Sind alle Fäden für die Kette um den Tisch gespannt, nimmt man die Kreuzstäbe, bindet sie an einem Ende mit Garn zusammen und hebt dann die Kette darauf. Der erste Faden, der aufgenommen wird, geht unter Kreuzstab 1 und über Kreuzstab 2, der zweite Faden geht über Kreuzstab 1 und unter Kreuzstab 2. Dabei bleibt man so nah wie möglich an der unteren Tischkante, denn dort sieht man deutlich die Reihenfolge der Fäden, die aufgenommen werden sollen. Sind alle Kettfäden durch die Kreuzstäbe gezogen, bindet man die beiden Kreuzstäbe auch an den anderen Enden zusammen, damit kein Kettfaden herausrutschen kann.

Nun ein dickes Buch auf die Kette vor den Kreuzstäben legen, um zu verhindern, dass die Fäden zurückspringen, wenn sich die Fadenspannung plötzlich löst, und dann die Kette in Höhe der Knoten abschneiden. Alle Knotenreste zurückschneiden, dann einen einzigen Knoten um das Ende der Kette machen, das am weitesten von den Kreuzstäben entfernt ist (für ein schmales Webstück). Andernfalls mehrere kleinere Knoten anbringen, wie auf Seite 47 gezeigt.

Bei diesem Schritt ist es wichtig, dass die Kreuzstäbe nicht durch das noch offene Ende der Kette herausrutschen. Die Kettfäden dürfen sich dabei nicht verhaken. Falls die Kette länger als eineinhalb Meter ist, sollte man sie (mit Luftmaschen) hochhäkeln, wie auf Seite 31 beschrieben, um alle Fäden unter Kontrolle zu halten.

Kette mit Spurfaden am Schärbaum

KETTE AM SCHÄRBAUM SCHÄREN

Diese Methode ist empfehlenswert für lange Ketten und solche, die aus mehr als 40 Fäden bestehen.

Sie benötigen:

- einen Schärbaum
- Kettgarn
- Kreuzstäbe
- Schere
- Bleistift oder Holzstab

Dieser Schärbaum hat vier herausstehende Zapfen. Drei sitzen ziemlich dicht aneinander auf mittlerer Höhe, und ein vierter Zapfen steckt allein etwas höher und ist beweglich. Die unteren werden auch Fadenkreuzzapfen genannt, während der obere ein Wendezapfen ist, der versetzt werden kann, je nachdem, wie lang die Kette sein soll. Der Schärbaum steht auf einem Fuß und ist drehbar, sodass man nicht das Garn herumwickeln muss, sondern den Schärbaum dreht und dabei ruhig stehen kann.

Die Kette verläuft vom untersten Zapfen um den Schärbaum herum und endet am Wendezapfen. Messen Sie daher die Länge der geplanten Kette und stecken Sie den Wendezapfen in das Loch, das am besten dazu passt.

Bevor man die Kette schärt, sollte man einen Spurfaden ziehen, also einen Faden, dem man später mit der Kette folgt. Anfangs erscheint dies vielleicht unnötig, ist die Kette aber länger als eine Umrundung um den Schärbaum, ist es sehr hilfreich. Dazu befestigt man einen Faden in Kontrastfarbe am Wendezapfen mit einem Knoten. Dann lässt man den Faden hinunter zum Schärbrett laufen, wo er über den einen und unter den anderen Zapfen läuft und schließlich am untersten angeknotet wird.

Jetzt kann die Kette geschärt werden. Machen Sie den ersten Faden der Kette am Wendezapfen fest und führen Sie ihn am Spurfaden entlang hinunter zu den Stiften des Schärbretts. Dann führen Sie ihn wie den Spurfaden durch die Stifte des Schärbretts, um den letzten Stift und dann wieder hinauf durch das Schärbrett, aber diesmal soll der Faden genau entgegengesetzt zum Spurfaden verlaufen.

Führen Sie den Faden weiter bis zum Wendezapfen. Jetzt sind die ersten beiden Fäden nach der Schärfolge als Kette geschärt. Geht es in derselben Farbe weiter, umrunden Sie nur den Zapfen mit dem Garn und machen so weiter.

Soll die Farbe gewechselt werden, erfolgt dies am besten am oberen Zapfen, wo man den Faden abschneidet und das Ende mit dem neuen Faden zusammenknotet.

Während des gesamten Schärens ist es wichtig, alle Fäden gleichmäßig gespannt zu halten und zu vermeiden, dass einige unter den anderen durchhängen. Das erschwert nämlich das Weben später erheblich.

Sind alle Kettfäden an Ort und Stelle, kann man zwei Kreuzstäbe in das Fadenkreuz einfügen, das am Schärbrett gebildet wird. Die Stäbe werden an den Enden mit einem Faden zusammengebunden, damit die Kette nicht herausrutschen kann.

Soll die Kette länger als eineinhalb Meter werden, muss sie jetzt mit ungefähr 50 Zentimetern Zwischenraum abgebunden werden, damit die Fäden sich nicht verhaken. Dazu nimmt man kurze Stücke eines festen Baumwollgarns, wickelt sie zweimal fest um die Kette, und bindet sie mit einer Schleife ab. Dabei darf der Spurfaden nicht mit abgebunden werden, weil er nicht Teil der Kette ist.

Wenn die Kreuzstäbe richtig sitzen und das Fach fixieren sowie alle Abbindungen fertig sind, kann die Kette vom Schärbaum abgenommen werden. Der Wendezapfen kann herausgedreht werden, dabei löst sich die Kette. Halten Sie diese gespannt, wenn Sie den Stift herausziehen, und bilden Sie eine Schlaufe. Bremsen Sie den Schärbaum mit dem Knie oder einem anderen Körperteil, und häkeln Sie die Kette dann in Luftmaschen zu den unteren Stiften. Dort angelangt, stecken Sie einen Stift oder ein anderes Stäbchen als Splint in die letzte Schlaufe und ziehen leicht an der Kette, um den Stab festzuzurren. So kann die Kette sich nicht auflösen.

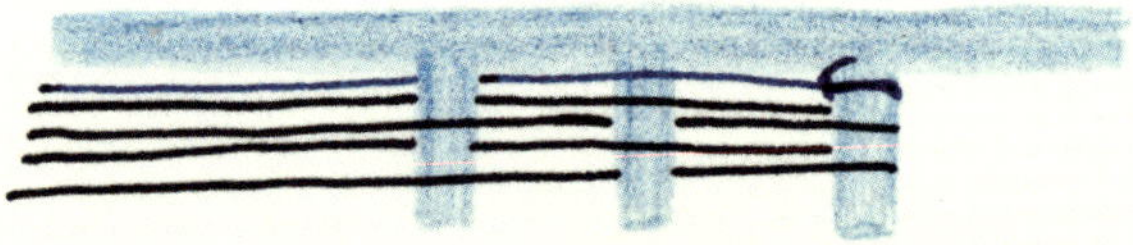

Nun kann die Kette aufgezogen werden. Die Anleitung für den Gatterkamm finden Sie auf Seite 36, diese für das Gurtwebgerät auf Seite 80. Bei einer sehr langen Kette bleibt normalerweise ein Teil davon zusammengelegt, während man mit dem Weben beginnt, und wird mit einem Band befestigt, das auf der Hinterseite der Kette um den Stift herumläuft. Will man dann die Kette lösen, nimmt man einfach den Stift heraus und zieht vorsichtig an der Kette.

Die Kette wird zu einer Luftmaschenkette hochgehäkelt, indem man die Fäden mithilfe der Finger ineinander zu Schlingen legt.

TEIL 2

WEBEN

Weben mit dem Gatterkamm

Ein Gatterkamm ist ein Werkzeug, in das die Kette eingefädelt wird und das ein Fach bildet, indem man es abwechselnd hebt und senkt. Die Kettfäden werden durch Schlitze und Löcher im Kamm gezogen. Wird dieser angehoben, werden die Fäden in den Löchern mit gehoben, während die Fäden in den Schlitzen nach unten rutschen und sich damit ein Fach bildet. Um das Fach zu wechseln, drückt man den Gatterkamm nach unten, sodass alle Fäden in den Löchern unter jene in den Schlitzen gesenkt werden. Die gebohrten Löcher im Gatterkamm entsprechen Litzen.

Ein Gatterkamm kann zusammen mit einem speziellen Bandwebgerät verwendet werden, aber es ist einfacher, die Kette an einem Band um die eigene Taille zu binden und das andere Ende an einem Tischbein oder einem Fenstergriff zu verankern.

Da man von sich weg webt, wird es nach mehr als zehn bis zwanzig Zentimetern schwierig, die aktuelle Webstelle zu erreichen. Dann lockert man die Kettfäden, die man um das Taillenband geschlungen hat, und holt das bereits Gewebte zu sich. Bei einem schmalen Band kann man einfach den neuen Webabschnitt am Taillenband festbinden, um die Kette wieder zum Weben bereit vor sich zu haben.

Webt man aber breite Stücke oder Bänder, werden diese beim Verknoten zusammengedrückt, dann gerät die Kettspannung durcheinander. In solchen Fällen kann man einen Stab zum Aufwickeln des Gewebes verwenden, wie auf Seite 50 gezeigt.

KETTE IN DEN GATTERKAMM EINZIEHEN

Zuerst schärt man die Kette nach einer der Methoden auf Seite 29–31. Dann wird die Kette auf den Gatterkamm aufgezogen, falls dies noch nicht erfolgt ist. Da die Kreuzstäbe die Fäden in der richtigen Reihenfolge halten, kann man diese leicht nach und nach durch die Schlitze und Löcher des Gatterkamms ziehen (1). Lässt sich das Garn nur schwer durch die Löcher des Kamms ziehen, kann man es auf eine Nadel auffädeln oder eine kleine Schlaufe aus Nähgarn durch das Loch stecken, das Garn einlegen und mithilfe der Fadenschlaufe durch das Loch ziehen (2).

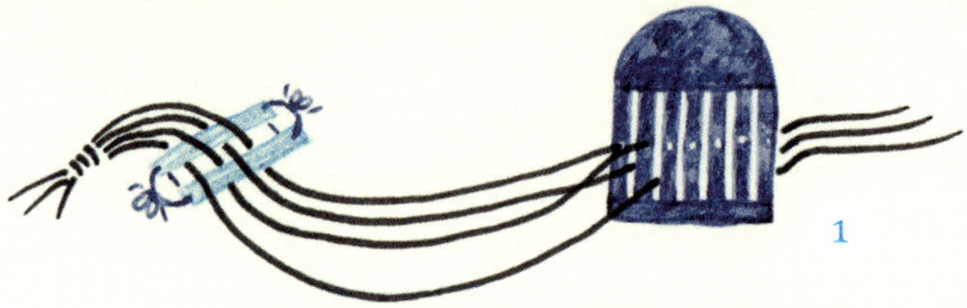

1

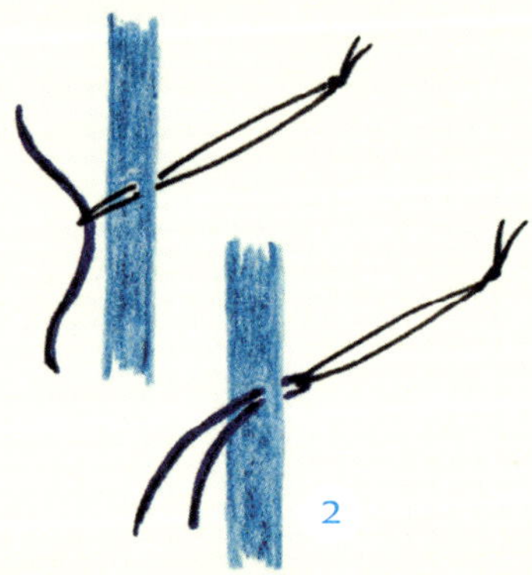

2

KETTRIPS

Um ein Ripsgewebe herzustellen, wird entweder der Schuss oder die Kette komplett durch das jeweils andere Fadensystem überdeckt. In Schweden werden Bänder meist in Kettrips gewebt. Das heißt, dass die Kettfäden den Schuss fast vollständig verdecken, bis auf eine kleine Stelle an der Kante. Man kann aber wesentlich breitere Gewebe herstellen, indem der Schuss mehr Platz erhält. Dabei werden die Kettfäden auseinandergedrückt und das Band wird breiter. Aber eins nach dem anderen.

Ganz gleich, welche Schärmethode Sie für ein Ripsband gewählt haben, gehen Sie danach vor, wie auf Seite 23 beschrieben. Machen Sie in das hintere Ende der Kette einen Knoten, durch den Sie eine Schnur ziehen. Mit dieser kann die Kette an einem fixen Punkt (wie einem Fenstergriff) befestigt werden.

Machen Sie einen zweiten Knoten in das Ende der Kettfäden, das vor Ihnen liegt. Binden Sie sich ein Band oder einen Gürtel um die Taille, und befestigen Sie daran dieses Ende der Kette. Befinden sich Kreuzstäbe im Gewebe, müssen diese hinter dem Gatterkamm platziert werden. Schieben Sie sie so weit wie möglich nach hinten in die Kette, bevor Sie beginnen zu weben.

GUT ZUSAMMENSCHIEBEN!

Beim Weben von Kettrips wird der Schussfaden so fest zusammengezogen, dass die Kettfäden dicht aneinander liegen und den Schuss verbergen. Das ergibt eine streifenartige Struktur, bei der die verborgenen Schussfäden kleine Rippen bilden.

Für Anfänger ist es nicht leicht, dabei gleichmäßige Kanten zu erzeugen. Aber nach einigem Üben findet man heraus, wie es am besten funktioniert. Achten Sie auf eine gut gespannte Kette und schieben Sie den Schuss beim Weben fest und gleichmäßig zusammen.

Der Web-Rhythmus sieht folgendermaßen aus: Ein Fach öffnen, das Schiffchen einführen, damit sich das Fach ganz öffnet, den Schuss einlegen und andrücken, damit er flach anliegt. Das Fach wechseln, mit dem Schiffchen anschlagen und noch einmal am Schuss ziehen. So erhält man eine gleichmäßige, feste Kante. Das Ganze mag zunächst für einen einzigen Schuss aufwendig erscheinen, aber nach einiger Zeit hat man die Bewegungen verinnerlicht – und das Weben gleicht einem Tanz.

Anmerkung: Die Gatterkämme haben oft eine deutlich erkennbare Oberkante, die verziert und meist etwas dicker ist als die Unterkante. Bei den kleinen Exemplaren, die ich schnitze, ist dies kein Problem, weil sie nicht schwer sind. Größere Kämme können beim Weben allerdings leicht überkippen, weil sie kopflastig sind. Deshalb werden diese oft verkehrt herum verwendet, mit der schweren Seite nach unten.

1
2
3
4
5
6

Kettripsmuster

Durch den Aufbau der Kette mit verschiedenfarbigen Fäden, die entweder durch die Schlitze oder durch die Löcher eines Gatterkamms geführt werden, erzeugt man Muster, die sich über die gesamte Bandlänge wiederholen.

QUERSTREIFEN

Die Fäden für die Querstreifen werden immer gleich eingefädelt, hier in die Schlitze (Abb. 1).

DOPPELFÄDEN FÜR ZUFALLSMUSTER

Wird die Kette mit Doppelfäden in verschiedenen Farben aufgezogen, erhält man zufällige Muster, je nachdem, welcher der zwei Fäden im Gewebe oben liegt. Es macht Spaß, solche Variationen auszuprobieren und die eigene Kreativität zu wecken, wenn man in punkto Muster noch unentschlossen ist. Dieses Band ist eingezogen mit zwei roten Doppelfäden im ersten Loch und Schlitz, dann folgt ein Bereich mit einem roten und einem weißen Faden, die zusammen in Loch und Schlitz eingezogen sind. Das Muster endet mit zwei weißen Doppelfäden im letzten Schlitz und Loch (Abb.2).

WÜRFEL

Ein Band mit Würfelmuster erhält man, indem man drei gleichfarbige Fäden in die Schlitze, und dann drei gleichfarbige Fäden in die Löcher einzieht. Durch die Verwendung von nur zwei Farben verlaufen die Würfel im Zickzackmuster (Abb. 3).

PUNKT

Ein einziger farbiger Faden wirkt wie ein Punkt. Ich lege oft zwei Fäden nebeneinander, um einen etwas runderen Punkt zu erhalten, dabei müssen die beiden Fäden in einem Fach sitzen – entweder in den Schlitzen oder in den Löchern des Gatterkamms (Abb. 4). Zieht man einen Doppelfaden für den Punkt ein, tritt er noch etwas deutlicher hervor und erscheint plastischer, wie beim Mimosen-Band auf Seite 43.

KETTENGLIED

Setzt man zwei farbige Kettfäden in Loch und Schlitz direkt nebeneinander, und mit einem Faden Abstand noch einmal, so ergibt das ein kleines Kettenmuster (Abb. 5).

LÄNGSSTREIFEN

Längsstreifen entstehen, wenn man mehrere Fäden in derselben Farbe nebeneinander in der Kette aufzieht, ohne auf das jeweilige Fach zu achten. Ein Faden in einem Loch und einer in einem Schlitz bilden einen Streifen, der einen Faden breit ist. Für breitere Streifen zieht man vier oder mehr Kettfäden auf (Abb. 6).

MÄUSESPUR-BAND

Kettrips mit dicken Musterfäden

- Kette: ungebleichtes Leinengarn 35/2, Baumwollgarn 16/2 in Indigo
- Schuss: ungebleichtes Leinengarn 35/2

Dieses recht schmale Band ist nur sieben Kettfäden breit. Ich verwende diese Art Band häufig, etwa um Proviantdosen zu verschließen, Flechtfrisuren zusammenzuhalten oder auch, um beim Weben die Kette zu spannen.
Zu diesem Muster hat mich eine Mäusespur im winterlichen Schnee inspiriert. Es lässt sich ganz schnell weben. Die zwei Musterfäden sind ungefähr doppelt so dick wie die Kettfäden der Grundfarbe und bekommen damit einen plastischen Effekt, der noch verstärkt wird, wenn man sie als Doppelfäden aufzieht.

Mäusespur-Band (oben rechts), Eichelhäher-Band (darunter), Mimosen-Band (links).

MIMOSEN-BAND

Kettrips mit Punkten in Doppelfäden

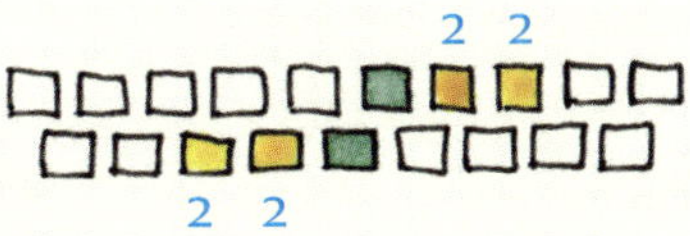

- Kette: ungebleichtes Leinengarn 35/2, Cottolin 16/2 in Gelb und Grün
- Schuss: ungebleichtes Leinengarn 35/2

Soll ein Motiv deutlich hervortreten, verwendet man für dafür ein dickeres Garn und für den Hintergrund ein dünneres. Zu diesem Band haben mich die gelben Bällchen der Mimosenblüten inspiriert. Ein schmaler Rand aus grünem Cottolin bildet den Stamm, während die Blütenbällchen aus zwei doppelten gelben Kettfäden bestehen.

EICHELHÄHER-BAND

Kettrips aus dünnem Wollgarn

- Kette: dünnes Wollgarn in Grau, Weiß und zwei Blautönen
- Schuss: ungebleichtes Leinengarn 35/2

Meine Bänder haben meist symmetrisch ausgerichtete Muster, wie »Mäusespur« und »Mimose«. Hier habe ich die Symmetrie verlassen und stattdessen die Farben der Flügelfeder eines Eichelhähers übernommen, die auf einer Seite schwarz ist und auf der anderen Seite ein blauweißes Muster hat. Das Band ist mit einem sehr dünnen Wollgarn gewebt, das ich selbst gesponnen habe. Es kann durch ein dünnes Kammgarn der Stärke Nm 20/2 ersetzt werden. Für den Schuss verwende ich oft Leinengarn, auch für Bänder aus Wolle, weil es das Gewebe schön griffig macht.

BIRKENFLECHTEN-BAND

Kettrips mit unterschiedlichen Stärken im Schuss

- Kette: Leinengarn 16/2 in Schwarz, halbgebleichtes Cottolin 16/2, Baumwollgarn in Grün, unbekannte Stärke
- Schuss: ungebleichtes Cottolin 16/2

Auf die Idee zu diesem Band kam ich, als ich Kaminholz aus einem Birkenstamm hackte und kleine grüne Flechten auf der schwarz-weißen Rinde sah. Webt man jeden zweiten Schuss mit dickem Garn und jeden anderen mit dünnem, dann kommen die Kettfäden, die über das dicke Garn laufen, etwas stärker hervor als diejenigen, die über den dünnen Schuss laufen. In diesem Fall ergibt es einen dickeren schwarzen Streifen mit einem schmaleren grünen Streifen, wobei das Muster auf der Rückseite gegenverkehrt erscheint.

Die Kette ist mit doppelten Fäden aufgezogen, damit das Band extra breit und stabil wird. Der Schuss besteht aus einer Gruppe von zwei Fäden für den schmalen Schuss und einer von acht Fäden für den dicken Schuss. Statt Letzteren kann man auch einen einzigen Faden aus dickem Baumwollgarn, wie Cordzwirn, verwenden. Für die acht Fäden legt man ein langes Stück Garn dreimal mittig zusammen.

Wenn man mit zwei Schussgarnen im Wechsel webt, kann es vorkommen, dass die äußersten Kettfäden nicht mit abbinden. Um das zu vermeiden, sollte man darauf achten, wie die Schussfäden liegen, wenn sie sich auf einer Seite der Webarbeit befinden, und sie so miteinander verschlingen, dass sie den Kettfaden mit einbinden. Auf diese Weise erhält man schöne Kanten.

Diese Art von breitem Band mit dickem Schuss ist sehr robust und eignet sich gut als Riemen, Gürtel oder Taschengriff.

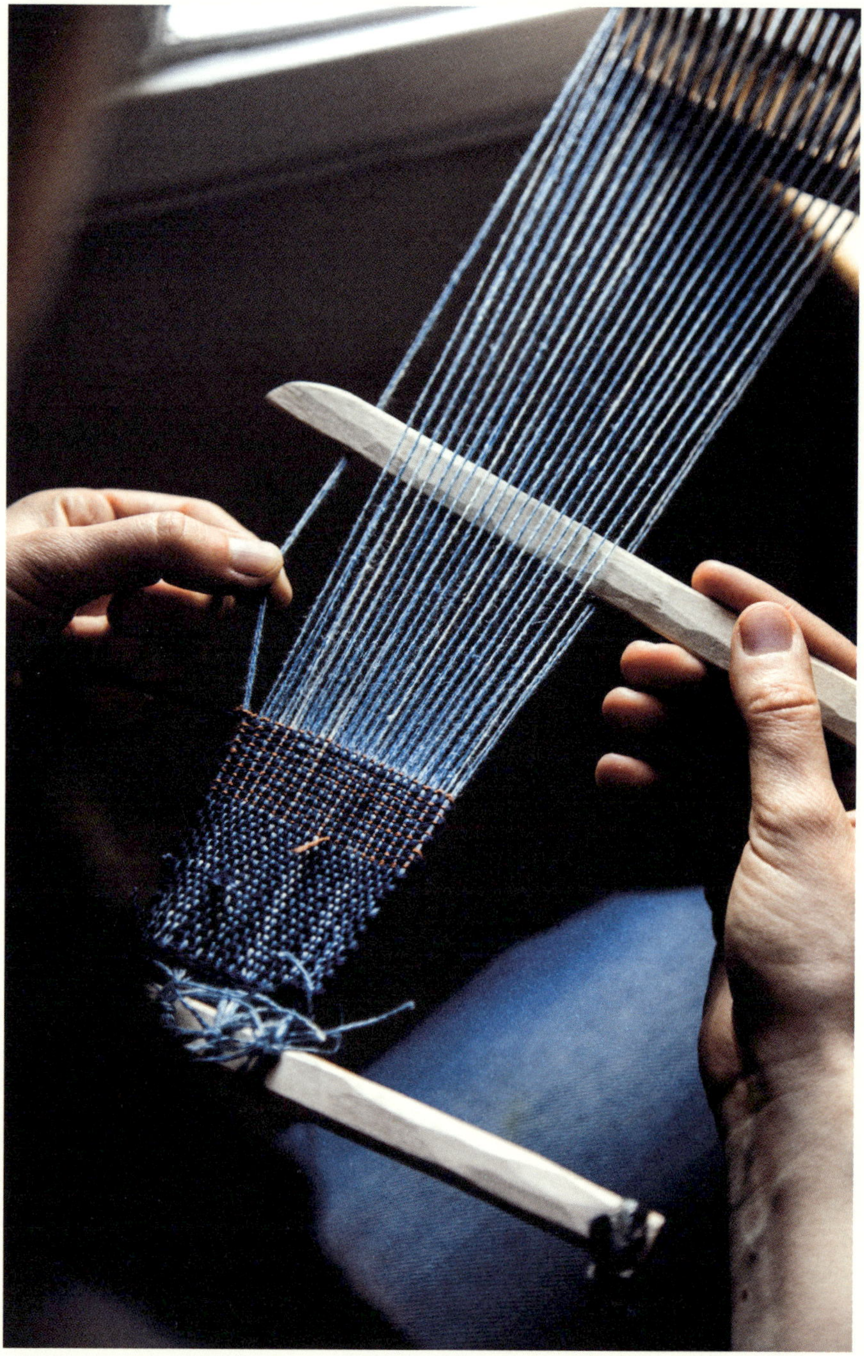

Ausgeglichene Gewebe

Bei der Leinwandbindung, dem »balancierten, ausgeglichenen Weben«, sind Kette und Schuss zu gleichen Teilen sichtbar, und da die Fäden nicht so dicht aneinander liegen wie beim Weben von Rips, wird das Band oder Stoffstück weicher.

Wenn Schuss und Kette im Gewebe gleichmäßig erscheinen sollen, muss man die Kettfäden etwas mehr auseinander drücken als beim Weben von Rips, bei dem die Kette mit einem Knoten zusammengebunden und an einem Gürtel um die Taille befestigt wird. Um einen gleichmäßigen Abstand zu erhalten, verwendet man zum Festbinden der Kette zwei Längerstäbe, die etwas breiter sind als das geplante Gewebe, und die so dick sind, dass sie sich nicht verbiegen, wenn man die Kette spannt.

Schären Sie die Kette und ziehen Sie sie im Gatterkamm auf. Unterteilen Sie dann das hintere Ende der Kette in Bündel von je acht bis zehn Fäden. Machen Sie an jedem Bündelende einen »Katzenkopfknoten« (Rollknoten), und bilden Sie dann mit den Fäden eine Schlinge, durch die Sie einen der Längerstäbe schieben (1). (Kommt die Kette vom Schärbaum, liegen ihre Enden bereits in Schlaufen und müssen nicht verknotet, sondern können direkt auf den Längerstab geschoben werden.) Diesen hinteren Längerstab können Sie mit einem Stück reißfester Schnur nun beispielsweise an einem Fenstergriff befestigen. Um den Längerstab zu stabilisieren, wickeln Sie die Schnur zweimal um den Fenstergriff.

1

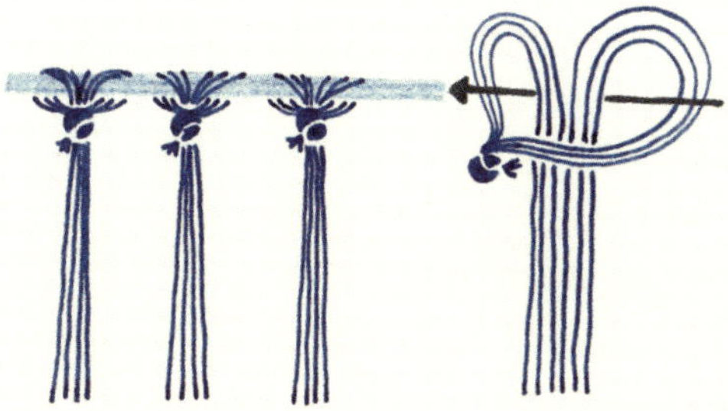

2

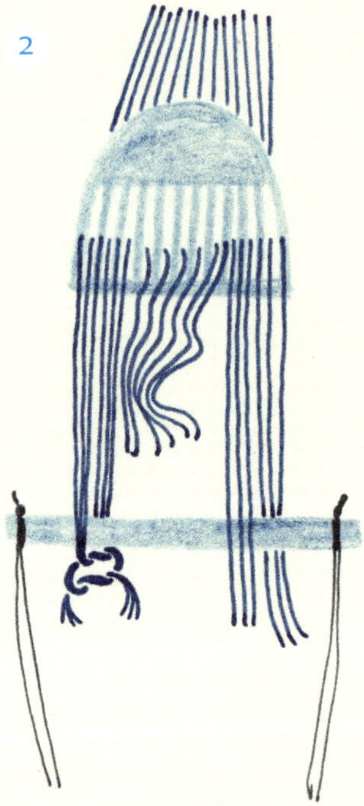

Streichen Sie die Kette aus und sortieren Sie verkreuzte Fäden. Nehmen Sie ein Stück Band, das etwas länger ist als Ihre Taillenweite, und binden Sie es an beiden Enden zu einer Schlaufe. Schieben Sie den zweiten Längerstab durch die Schlaufen und befestigen Sie ihn. Nun legen Sie den Gatterkamm auf den Schoß und teilen die Kette vor dem Kamm in Fadenbündel auf. Befestigen Sie eines der äußeren Bündel mit einem Doppelknoten am Längerstab, der an der Taille sitzt (2).

Dann befestigen Sie das andere äußere Fadenbündel und anschließend das mittlere. Wenn Sie wissen, wie breit Sie weben wollen, verteilen Sie die Knoten in der entsprechenden Breite auf dem Längerstab, ansonsten schätzen Sie es einfach ab.

Streichen Sie nun mit der Hand über die Kette und prüfen, ob eines der Fadenbündel weniger stramm sitzt als die anderen. Dann lösen Sie den Knoten des entsprechenden Bündels und ziehen die Fäden etwas an, bis alle gleichmäßig gespannt sind.

Um zu verhindern, dass sich die Kettfäden am hinteren Längerstab verheddern oder verrutschen, setzen Sie sich nun hin und »häkeln« eine Kette von Luftmaschen quer ein. Die Kette soll dabei gespannt bleiben, und die Kreuzstäbe werden so nah an den hinteren Längerstab geschoben, dass man die Reihenfolge der Kettfäden am

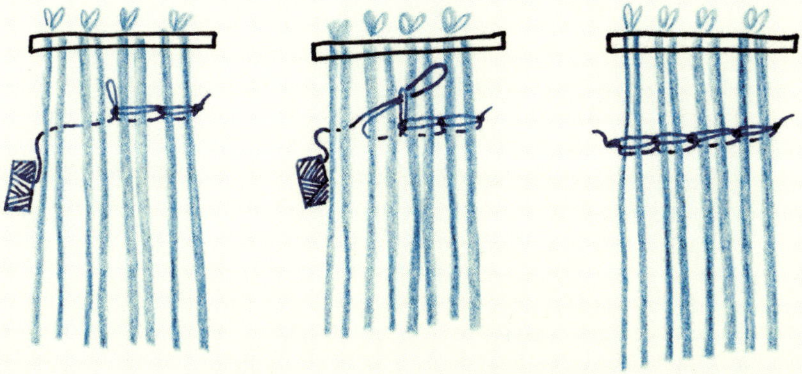

Fadenkreuz deutlich sehen kann. Dazu nimmt man eine Spule Cottolin, die während des Webens in den Schoß unter die Kettfäden gelegt wird, bildet mit dem Garnende eine Schlaufe und häkelt mit den Fingern eine Luftmaschenkette. Dabei schlingt sich eine Masche immer um zwei Kettfäden. Am Ende angelangt, häkelt man noch ein paar Maschen ohne Kettfäden und beendet das Ganze mit einem Knoten.

Schieben Sie diese gehäkelte Kette dann so nah wie möglich an den hinteren Längerstab, wo sie verbleibt und die gesamte Kette stabilisiert. Sie hält auch die Kette, sollten die Kreuzstäbe einmal während der Arbeit herausrutschen. Man kann dann von den Fadenpaaren ausgehen, um die Kettfäden wieder zu sortieren.

Ganz vorn im Gewebe legen Sie eine weitere Luftmaschenkette an, indem Sie den Gatterkamm weit nach vorn schieben und dann wieder jeweils zwei Kettfäden miteinander verbinden. Hier dienen diese Luftmaschen dazu, die Breite der Fäden auszugleichen, sodass man danach leichter mit dem Weben beginnen kann.

Nun geht es ans eigentliche Weben. Bei einem ausgeglichenen Gewebe ist es wichtig, den Schuss nicht zu fest anzuziehen. Ansonsten kann sich der Schuss nicht in Wellen über und unter die Kettfäden legen. Um dies zu vermeiden, sollte man den Schuss bogenförmig in das Fach legen, wie auf Seite 49 gezeigt.

Vorbereitend webt man einige Schussfäden mit dickem Garn oder Stoffstreifen ein, damit sich die Kettfäden gleichmäßig verteilen. Das nennt man »Anweben«.

GEWEBE AUFROLLEN

Wenn man 25 bis 30 Zentimeter gewebt hat, wird es schwierig, den Gatterkamm zu erreichen. Zu diesem Zeitpunkt sollte das Gewebe auf den vorderen Längerstab aufgerollt werden. Jetzt benötigt man einen weiteren Stab, hier »Gewebestab« genannt. Er sollte etwa so lang sein wie der Längerstab, muss aber nicht genauso dick sein. So rollen Sie das Gewebe auf: Lockern Sie den vorderen Längerstab am Ende des Bands, legen Sie den Gewebestab daneben auf den Stoff und wickeln Sie diesen auf beide Stäbe gemeinsam auf, drei bis vier Zentimeter Stoff können stehenbleiben. Dann befestigen Sie das Taillenband wieder am Längerstab und wickeln die Schlaufen des Bands ein weiteres Mal um Länger- und Gewebestab. Dadurch sind beide Stäbe gesichert und das Gewebe rollt sich nicht wieder ab.

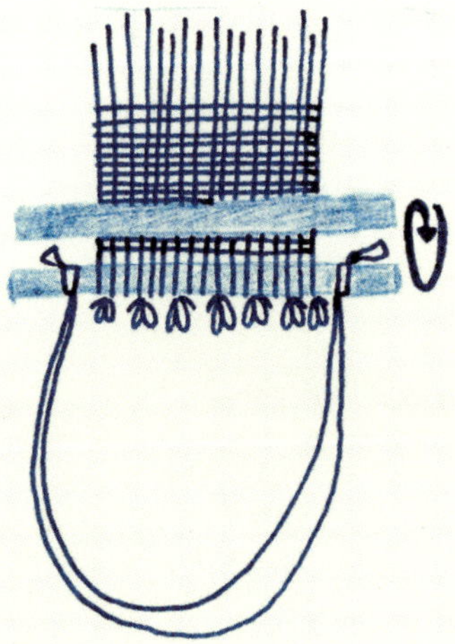

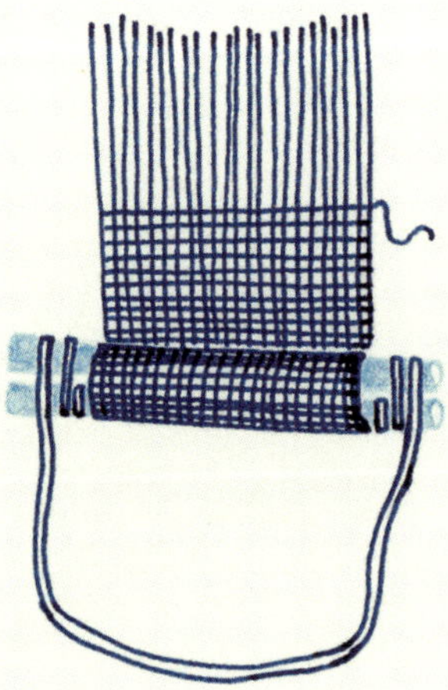

STIFTEMÄPPCHEN

Ausgeglichene Leinwandbindung mit wechselnd dickem Schuss

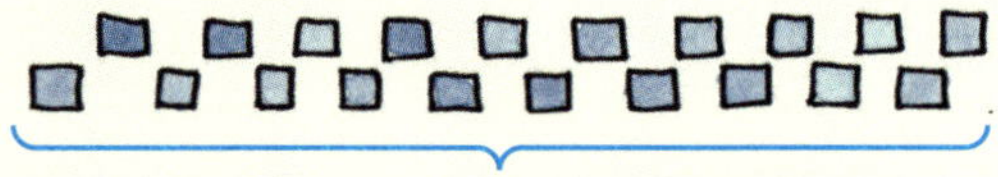

× 2

- Kette: Leinengarn 12/2 in Blau
- Schuss: Cottolin 16/2 in Braun, dickes Baumwoll-Strickgarn in Blau

Wenn man bei einem ausgeglichenen Gewebe zwischen einem dicken und einem dünnen Schuss abwechselt, bildet Letzterer kleine gepunktete Linien zwischen den Reihen mit dickerem Schuss. Hier wurde dieser Effekt eingesetzt und abwechselnd braunes Cottolin und ein dickes blaues Strickgarn verwendet. Da das Kettgarn etwas ungleichmäßig gefärbt ist, wirkt das Gewebe lebendig, denn dort, wo der natürliche Farbton des Leinengarns hervortritt, hat das Gewebe einen etwas helleren Glanz, der mit dem matten dunklen Blau des Baumwoll-Schussgarns kontrastiert.

Aus dem Gewebe wurde ein Stiftemäppchen genäht: Dazu das Band mittig quer rechts auf rechts falten und den Boden und die offene Seite mit einer Naht schließen. Dann an der oberen Längsseite einen Reißverschluss einnähen. Alle Kanten müssen bei diesen groben Geweben mit Zickzack versäubert werden, am besten doppelt, denn sie fransen leicht aus.

NOPPEN

Man kann kleine Schlaufen an der Oberfläche des Gewebes erzeugen, indem man den Schuss zwischen den Kettfäden anhebt, bevor man das Fach wechselt. Diese »Noppen« erinnern ein wenig an Frottee. Es bleibt Ihnen überlassen, wie viele Noppen pro Schuss gebildet werden. Damit können flächige Bereiche oder dekorative Reliefmuster gestaltet werden. Mithilfe einer dünnen Strumpfstricknadel entstehen kleine Noppen, mit einer dickeren Häkelnadel etwas längere Schlaufen. Diese Webtechnik macht viel Spaß, und es dauert nicht lang, bis man den Bogen für die erste Noppenreihe heraus hat. Hier wollte ich mehrere sehr kleine Baumwollknäuel in grünen und braunen Naturtönen auf bestmögliche Weise verwerten.

ABSCHMINKPADS

Ausgeglichenes Gewebe mit Noppen-Schuss

× 2

- Kette: ungebleichtes Leinengarn 12/2
- Schuss: handgesponnenes Baumwollgarn, Cottolin 16/2

Die Kette schären und für ein ausgeglichenes Gewebe aufziehen. Zuerst ein Stück anweben, damit die Fäden gleichmäßig verteilt sind, dann drei Zentimeter glatt mit dem Schussgarn weben. Nun die gewünschte Nadel für die Schlaufen verwenden. Rechtshänder sollten darauf achten, dass der nächste Schuss von rechts kommt. Das Fach mit dem Gatterkamm öffnen, den Anschlagstab einführen, aufstellen und stehen lassen, auch wenn der Schuss eingetragen ist. Dadurch bleibt das Fach offen.

Jetzt kann man die kleinen Noppen bilden, indem man mit der Spitze der Strick- oder Häkelnadel den Schuss zwischen zwei Kettfäden als Schlaufe auf die Nadel holt. Zwischen den Kettfäden erscheint der Schuss wie kleine Kästchen, jedes davon ist eine potentielle Noppe. Bei dieser Webarbeit wurden nicht die ganze Reihe hindurch Noppen angehoben, sondern zwei bis drei »Kästchen« am Rand ausgelassen, um dem Gewebe Stabilität zu verleihen.

Wenn alle gewünschten Noppen aufgenommen sind, kann man das Fach wechseln, den Schussfaden erneut einführen, das Fach wieder wechseln und andrücken. Dabei ist es ratsam, das um die Nadel gewickelte Garn etwas lockerer zu lassen, damit der zweite Schuss sich dicht an den Geweberand schieben lässt und die Noppen sichert. Nun ist eine Noppen-Sequenz fertig, dabei lässt man jedoch die Nadel im Gewebe, bis noch ein paar Schussfäden gewebt sind, damit die Noppen an ihrem Platz gehalten werden. Die Schussreihen zwischen den Noppen wurden mit einem anderen Garn gewebt (um das schöne Baumwollgarn aufzusparen), man kann aber auch mit demselben Schuss weiterarbeiten. Für eine dicke Noppenmatte reichen eine oder zwei Schussreihen zwischen jeder Noppenreihe, möchten Sie dagegen einen etwas leichteren Effekt, machen Sie mehrere glatte Schussreihen dazwischen.

Bei diesem Beispiel hier wurden ein paar Zentimeter glatte Reihen zwischen denen mit Noppen gewebt, damit man das Gewebe zum Schluss auseinanderschneiden und säumen kann – fertig sind die Abschminkpads.

BÄNDER MIT AUFGENOMMENEN MUSTERN

Bänder mit Musterfäden, die über einen einfarbigen Hintergrund laufen, gibt es überall auf der Welt. Die vorgestellte Variante ist häufig in Skandinavien anzutreffen, mit dieser Technik lassen sich auf einfache Weise viele Muster weben. Sie basiert darauf, dass bei einem einfarbigen Band jeder dritte Kettfaden aus dickem Wollgarn besteht und man beim Weben festlegt, wann diese Wollfäden an der Oberfläche sichtbar sein sollen. Dafür wurde ein Wollgarn verwendet, das etwa doppelt so dick ist wie das Baumwollgarn im Hintergrund, damit das Muster schön zur Geltung kommt.

BAND MIT SKANDINAVISCHEM MUSTER

Leinwandbindung mit aufgenommenen Musterfäden

- Kette: ungebleichtes Baumwollgarn 8/2; Wollgarn, etwa doppelt so dick
- Schuss: ungebleichtes Baumwollgarn 8/2

Dieses Gewebe hat neun Musterfäden aus orangefarbenem Wollgarn, dazwischen sitzen je zwei Fäden aus naturfarbenem Baumwollgarn. Auch am Rand sitzen zwei helle Fäden, sodass man dazu einen Gatterkamm für mindestens 29 Fäden benötigt.

Schären Sie die Kette, ziehen Sie sie für ein Ripsband auf und weben Sie sie mit dem geplanten Schuss an, bis die gewünschte Breite erzielt ist. Die Musterfäden bilden nun ein Feld mit gleichmäßig verteilten Punkten, bei dem mit jedem Schuss eine neue Reihe entsteht. In einem Fach werden vier Musterfäden angehoben, im anderen sind es fünf. In Letzterem beginnen Sie, das Muster aufzunehmen. In der abgebildeten Musterskizze auf Seite 58 entspricht ein gefülltes Kästchen einem Musterfaden aus Wolle auf der Oberseite. Die Baumwollfäden dazwischen wurden hier

nicht eingezeichnet, sie sind jedoch immer sichtbar, wenn der wollene Musterfaden beim Weben auf der Unterseite liegt.

Liest man die Skizze von Reihe zu Reihe von oben nach unten, sieht man, dass in der ersten Reihe zwei Musterfäden sichtbar werden sollen, Nummer 3 und 7. Nun öffnet man das Fach, drückt die anderen Musterfäden nach unten, legt den Schuss ein, wechselt das Fach und schlägt an. Im nächsten Fach sollen die Fäden 2, 3, 4 und 6, 7, 8 dem Muster entsprechend gehoben werden.

Einige dieser Fäden werden in diesem Fach ohnehin gehoben, aber Nummer 3 und Nummer 7 müssen hier aus dem unteren Fach zusätzlich angehoben werden. Nehmen Sie das Schiffchen zuhilfe, um die Fäden gemäß der Skizze je nach Fach zu heben oder zu senken. Nachdem ich die beiden Musterformen einige Male gewebt habe, kann ich sie auswendig und muss nicht mehr auf die Vorlage schauen.

In jedem Fach ist die Hälfte aller Musterfäden gehoben, sodass man selten besonders viele Musterfäden in einem Fach zusätzlich anheben muss.

Da das Muster mit diesem Wissen im Hintergrund entwickelt wurde, kommt es einem beim Weben so vor, als ob der Ketteinzug bereits die halbe Musterbildung übernommen hat – eine einfache und schöne Technik.

Schussrips

Für den Schussrips benötigt man dieselben Webgeräte wie für den Kettrips, nur die Technik ist etwas anders. Statt die Kette mit dem Schuss zusammenzuziehen wie beim Weben von Kettrips, ist es hier dagegen wichtig, dem Schuss maximalen Spielraum zu geben, damit er die Kette komplett bedecken kann. Webt man Schussrips, liegen die Kettfäden sparsam verteilt und der Schussfaden wird in großzügigen Bogen in das Fach eingelegt, damit er sich über und unter die Kette legen kann, wenn man anschlägt. Geizt man mit der Bogenlänge, müssen die Kettfäden sich wölben und sind dann auf der Oberseite des Gewebes als kleine Punkte sichtbar.

Mit nur einer Farbe für den Schuss wird das Gewebe einfarbig, das Reizvolle an dieser Technik ist jedoch, dass man Muster erzeugen kann, indem man mehrere Schussfäden unterschiedlicher Farbe in dasselbe Fach einlegt. Hier kann man freier arbeiten als beim Kettrips, weil man die Muster beim Weben aufbaut. Die Technik erinnert an eine Zeichnung, bei der das Schussgarn dem Stift und die Kette dem Papier entspricht. Dabei wird das Muster eingelegt, das bedeutet, dass das Schussgarn von Hand in das Fach gelegt wird, wobei es schneller geht, wenn dieses offen gehalten wird. Für schmale Gewebe verwendet man den Gatterkamm, für breitere einen Webrahmen mit einem Trennstab.

Webt man Kettrips, wird dieser stets schmaler als der Gatterkamm, was kein Problem darstellt. Bei Fertigen von Schussrips gerät man dagegen leicht in Versuchung, Projekte anzugehen, die etwas breiter sind als der Gatterkamm. Dann wird das Weben wegen der Spannung der Kette schwieriger. Man sollte also hier darauf achten, dass das Gewebe nicht breiter wird als der Gatterkamm.

BAND MIT KELIM-KÄSTCHEN

Schussrips mit freiem Muster

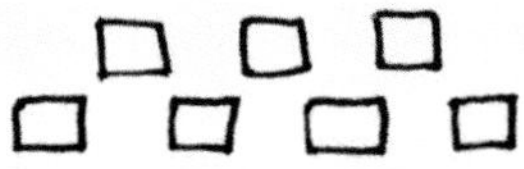

- Kette: ungebleichter Cottolin 22/2
- Schuss: Baumwollgarn 8/2 in diversen Farben, Leinengarn 12/2

Mit nur sieben Kettfäden kann man eine erstaunliche Gewebebreite erzielen. Dieses Band wird als Kettrips aufgezogen, der Schussfaden aber nicht zusammengezogen, sondern als ordentlicher Bogen gelegt, damit die Kettfäden sich ausbreiten können, bis der Schuss die Kette komplett bedeckt und das Gewebe gleichmäßig erscheint.

Das Muster ist aus Kästchen aufgebaut, die alle separat für sich gewebt werden. Es wird also mit naturfarbenem Schuss gewebt und danach beispielsweise ein blauer Faden mitten im Fach befestigt, um damit ein Kästchen über nur vier (der sieben) Kettfäden zu weben. Wenn das Kästchen die gewünschte Höhe hat, wird der Bereich daneben mit naturfarbenem Garn aufgefüllt, bis die beiden Kästchen nebeneinander gleichhoch sind. Zwischen den beiden Kästchen bildet sich ein Loch, weil die Schussfäden es nicht zusammenhalten – ein sogenanntes Kelim-Loch als typisches Kennzeichen für Kelim-Gewebe. Man kann nach dem Weben die Löcher von der Rückseite aus zusammennähen, sie aber auch offenlassen, wie bei diesem Band.

Der Schussfaden wird mit einem kleinen Halbschlagknoten gesichert, und zwar um einen Kettfaden am Anfang und am Ende jedes Kästchens, dabei hängen die Fadenenden auf der Rückseite heraus, die man zum Schluss vernähen kann. Eilige können etwas Textilkleber auf der Rückseite verstreichen, um alle Fäden zu sichern und diese dann unansehnliche Seite durch Abfüttern verbergen.

Ist das Gewebe fertig, schneidet man das Band ab und zieht die ersten unschönen Reihen des Schusses wieder auf. Dann sichert man die Kettfäden an jedem Ende durch zwei Knoten. Fertig! Ob daraus ein Lesezeichen, ein Armband, ein Hutband oder sonst etwas wird, bleibt Ihnen überlassen.

Band mit Kelim-Kästchen (links) und Band mit kleinen Keilen (rechts)

BAND MIT KLEINEN KEILEN

Schussrips mit Musterwiederholung

- Kette: Leinengarn 16/2 in Braun
- Schuss: Leinengarn 16/2 in Braun und Weiß

Um genauer zu zeigen, wie sich die Techniken für Kettrips und Schussrips auf die Breite des Gewebes auswirken, wurde dieses Band in Kettrips begonnen und abgeschlossen und dazwischen zum Schussrips verbreitert. Das Band wird auf dem Gatterkamm mit zehn Kettfäden und Doppelfäden am Rand aufgezogen. Die Mustermotive (Keile) werden, wie beim Band mit Kelim-Kästchen, jeweils separat gewebt.

Das Band als Kettrips aufziehen und einige Zentimeter Kettrips weben. Sobald sich das Gewebe verbreitern soll, den Schuss weniger fest andrücken, damit sich die Kettfäden trennen können – was sie gern tun, denn der Gatterkamm drückt sie auseinander. Nun darauf achten, den Schuss vor dem Anschlagen in großzügigen Bogen ins Fach zu legen. Wenn das Band so breit ist, dass der Schuss die Kette komplett überdeckt, kann man ihn an einem Rand um den äußersten Kettfaden schlingen und mit einem Halbschlagknoten sichern. Dann nimmt man zwei weiße Fäden und befestigt sie jeweils am dritten Kettfaden von außen (auf beiden Seiten). Mit diesen weißen Fäden webt man nun Dreiecke, indem man zwei Schussfäden über drei Kettfäden, dann zwei Schussfäden über zwei Kettfäden laufen lässt und dann den Schuss einmal um den äußersten Kettfaden schlingt. Den weißen Faden mit einem Knoten sichern, der dem letzten Schuss entspricht. Indem bei jedem einzelnen Schritt der Schuss zweimal gewebt wird, werden die Dreiecke etwas höher als mit nur einem Schuss – bei dreimal Schuss wären sie also noch etwas höher.

Sobald man zwei weiße Dreiecke mit einem Leerraum in der Mitte hat, nimmt man den braunen Schussfaden und führt ihn von der Unterseite zwischen dem dritten und vierten Kettfaden nach oben. Nun webt man zweimal den Schuss in der Mitte des Bandes, der über vier Kettfäden läuft, und führt ihn dann in das »Tal« zwischen den weißen Dreiecken.

Danach webt man den Schuss zweimal über sechs Kettfäden, dann zweimal über acht Kettfäden und zweimal über die ganze Breite des Bandes, um das Ganze mit einem Halbschlagknoten am Rand zu beenden. Damit ist der erste Musterrapport fertig, den man so oft wiederholt, bis das Band die gewünschte Länge hat. Anfangs ist es etwas knifflig, aber nach einer Weile kommt man in den Rhythmus und kann nur noch schwer damit aufhören.

Bei diesen Bändern wird der Anschlagstab selten verwendet, denn nur bei den zwei letzten Schuss im Rapport gibt es eine gerade Kante, um anzuschlagen. Stattdessen funktioniert es sehr gut, wenn man das Garn mit den Fingern festdrückt, wie es hier bei dem leicht glänzenden Leinengarn gemacht wurde.

UNTERSETZER

Gemusterter Schussrips

– Kette: ungebleichtes Leinenkettgarn 8/3

– Schuss: Teppichwollgarn 1,25/1

Ein Gewebe, das nur wenige Kettfäden hat, muss nicht unbedingt schmal sein. Die Untersetzer haben 21 Kettfäden, also nur einen mehr als das Band mit Keilen auf Seite 63. Weil sie aber mit wesentlich dickerem Garn gewebt wurden, sind sie etwa viermal so breit. Das Leinengarn 8/3 ist so dick, dass es nicht durch meinen normalen Gatterkamm passte. Also musste ich mir einen neuen mit größerem Format und größeren Löchern machen. Dickes Teppichwollgarn hat viel Volumen und ergibt ein breites Gewebe. Der neue Kamm wurde so angepasst, dass die Kettfäden so dicht darauf sitzen, wie für das Gewebe erwünscht. Man kann den Kamm auch nutzen, um das Gewebe anzudrücken. Um den Abstand zwischen den Kettfäden zu ermitteln, wickelt man das Garn auf ein Stück Karton, hier waren drei Millimeter passend.

Nun kann man die Kette schären und aufziehen wie bei einem ausgeglichenen Gewebe. Nach dem Anweben ein Stück für Fransen oder einen ähnlichen Abschluss freilassen, dafür einen zehn Zentimeter breiten Kartonstreifen in das Fach schieben, bevor man mit dem ersten Untersetzer beginnt. Wenn dieser fertig gewebt ist, kann man den Kartonstreifen herausziehen und oben neu einfügen, sodass ein Abstand zum nächsten Untersetzer geschaffen wird.

Auf diese Weise kann man eine ganze Reihe kleiner Quadrate auf derselben Kette weben. Hier wurden bei jedem Untersetzer für Anfang und Ende einige Schussfäden aus Leinengarn 8/3 verwendet, um einen schönen Kantenabschluss zu erzielen.

Bei diesem Gewebe wurden nicht die Formen einzeln gewebt, wie bei den vorhergehenden Projekten, sondern das Muster beim Weben entwickelt. Dabei wurden in einem Fach mehrere Schussfäden nebeneinander gewebt, und die Stelle, an der sie sich begegnen, bei jedem Schuss verändert. Die Schussfäden müssen sich aufeinander zu und voneinander weg bewegen. Wo sie sich begegnen, lässt man ihre Enden an der Vorderseite des Gewebes heraushängen. Beim nächsten Schuss legt man sie wieder vom Treffpunkt aus zurück ins Fach. Daraus baut sich das Muster auf. Diagonallinien im Schussrips webt man, indem man den Schuss schrittweise seitwärts verschiebt. Die Verschiebung macht man an dem Punkt, an dem sich die verschiedenen Schussgarne treffen, also bei jedem zweiten Schuss.

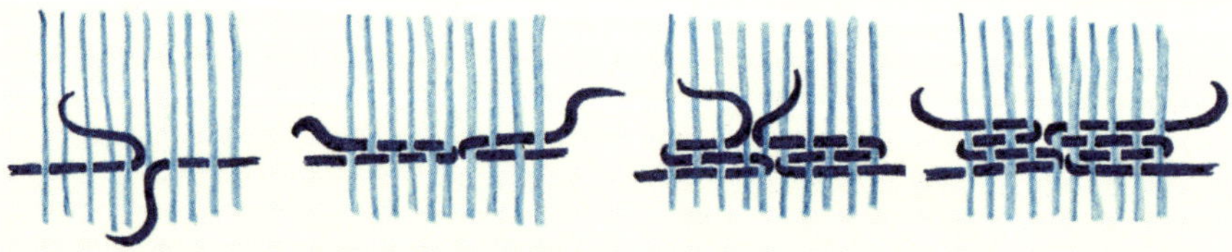

Beginnt man damit, figürliche Muster zu weben, sollte man sich an geometrische Formen halten. Das Motiv tendiert nämlich leicht dazu, sich beim Weben zusammenzudrücken, was schwer auszugleichen ist, wenn man nicht viel Übung hat. Ein Dreieck ist aber immer ein Dreieck, auch wenn es etwas flacher ausfällt, als geplant.

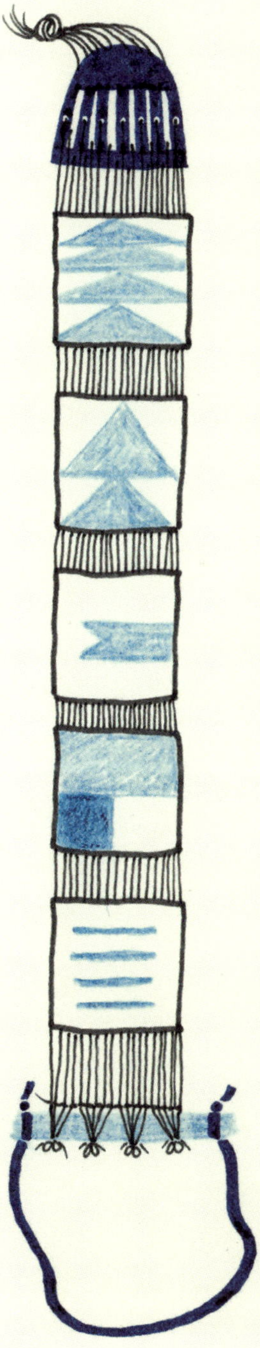

VIER DREIECKE: Mit einer Verschiebung pro zwei Schuss wird der Diagonalstreifen ziemlich flach. Legen Sie zuerst einen Schuss ein, der quer über das ganze Gewebe verläuft, und beginnen Sie dann mit den Abnahmen.

ZWEI DREIECKE: Hier sollten zwei Dreiecke statt der vier entstehen. Dazu viermal Schuss in der Höhe weben, dann den Schuss weiter nach innen versetzen. Bei einem höheren Dreieck würde ein Kelim-Loch entstehen, aber bei nur vier Schuss bleibt das Gewebe geschlossen.

SCHWALBENSCHWANZ: Ein typisches Muster von süd- und nordamerikanischen Webarbeiten, die an einen stilisierten Vogelschwanz erinnern.

DREI QUADRATE: Wenn Sie zwei Quadrate nebeneinander ohne Kelim-Loch weben möchten, können Sie einen Kettfaden zwischen den Quadraten belassen, den die Schussfäden umgreifen können. Jedoch kann dieser Kettfaden nicht in jedem Schuss umgriffen werden, denn dann würde das Gewebe an dieser Stelle doppelt so dick werden und plastisch hervortreten. Für einen flachen Übergang sollten die Schussfäden daher abwechselnd um diesen Kettfaden herum gewebt werden.

STREIFEN: Zwei Schuss nacheinander in einer Kontrastfarbe bilden einen Streifen im Gewebe. Hier enden die Streifen etwas von den Rändern entfernt, und so gab es beim Weben drei Schussgarne in jedem Streifen-Fach: einen gelben in der Mitte und an jeder Seite einen dunkelroten (siehe Abbildung Seite 66).

Schussrips auf dem Webrahmen

BILDWEBEN

Auch wenn der Fokus dieses Buchs auf anderen Werkzeugen liegt, möchte ich Ihnen in diesem Kapitel ein Projekt vorstellen, das ich auf einem selbst gebauten Webrahmen angefertigt habe. Denn möchte man große Gewebe mit vielen Mustern im Schussrips herstellen, kann es ratsam sein, mit einem Webrahmen zu arbeiten. Verglichen mit dem Gatterkamm lässt sich ein Webrahmen leicht zur Seite stellen, ohne dass sich die Kettspannung ändert. Es gibt verschiedene Modelle, wobei der hier verwendete zu den einfachsten gehört: Ich habe den Rahmen aus vier Holzleisten zusammengenagelt, wie auf Seite 125 beschrieben.

Um ein Fach zu öffnen, nimmt man jeden zweiten Kettfaden auf den Trennstab, der dann hochkant in die Kette gestellt wird, wo er von der Kettspannung gehalten wird. Wenn der Schuss eingelegt ist, zieht man den Trennstab heraus, legt ihn in das Gegenfach ein und drückt das Garn damit an, bevor man ihn wieder hochkant in die Kette stellt, um den nächsten Schuss einzulegen.

SONNENUNTERGANG AM BERG

Schussrips mit Mustern

- Kette: ungebleichtes Leinenkettgarn 8/3
- Schuss: Teppichwollgarn 1,25/1, Wollgarn in unbekannter Stärke, Leinengarn 12/2 und 16/2

Die Kette aufziehen, dazu das Ende des Kettgarns mit einem Knoten an einem Nagel des Rahmens befestigen. Dann die gewünschte Anzahl an Kettfäden aufwickeln. Das Garn die ganze Zeit straff gespannt halten, es kann später nur schwer nachgearbeitet werden. Zum Schluss den Kettfaden mit einem Knoten am letzten Nagel festmachen. Es ist praktisch, neben der eigentlichen Kette noch eine kleine Testkette aufzuziehen, an der man diverse Ideen während des Webens ausprobieren kann.

Der Schuss besteht hier aus verschiedenen Garnqualitäten, bei denen jede ihren besonderen Effekt hat. Die Unterschiede in Stärke und Glanz verleihen dem Bild Tiefe und Komplexität. Als ich ein hellblaues Garn mit weißen Sprenkeln entdeckte, wusste ich gleich, dass es sich wunderbar als Himmel eignen wird.

BERG

Zuerst fertigt man eine kleine Skizze für den Berg. Dieser hier ist ziemlich steil, man webt sechs Schuss, dann versetzt man den Schuss um einen Kettfaden. So entstehen

1

»Stufen«, bei denen jeweils ein Kettfaden von drei Schussfäden umgriffen wird (1).

2

Wenn man kleinere Formen mit demselben Garn webt, kann man den Schussfaden über die ganze Breite der Kettfäden laufen lassen, aber webt man wie hier ein ganzes Stück in die Höhe, ist es besser, den Schuss in kleinen Schlaufen hin- und herzulegen (2). So vermeidet man, dass sich die Form zusammenzieht. Die große Fläche des Berges ist so gewebt, und der Himmel. Auch wenn es scheinbar viel länger dauert, den Schuss so einzutragen: Man arbeitet sich durch die drei Reihen in der Höhe voran. Als der Berg die gewünschte Höhe hatte – bevor sich die erste rote Wolke auf seine Fläche schob –, begann ich mit den Hügeln am Fuß des Berges.

HÜGEL

Damit die Hügel eine sanfte Form erhalten und frei verlaufen können, ist es wichtig, beim Weben einen unkonventionellen Ansatz zu wagen. Hier wurde mit dem braunen Hügel unten begonnen und einige Schuss gewebt, um zu ermitteln, wie breit er sein sollte. Dann wurden einige kürzere Reihen gewebt, um in der Mitte etwas Höhe zu gewinnen. Zum Schluss wurden einige Schuss über die ganze Breite gewebt, die sich wie ein Deckel über das Ganze legen und die Form abrunden. Auf diese Weise kann eine gezackte Linie geglättet und eine weichere Form aufgebaut werden (3).

3

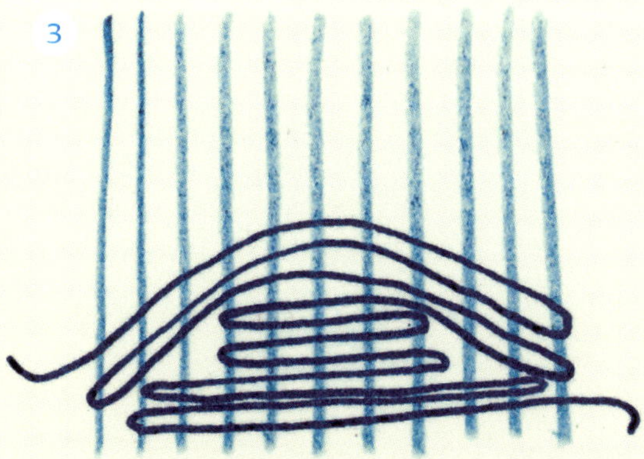

ROTE WOLKEN

Hier verläuft der (im Bild rote) Schussfaden über zwei Kettfäden auf der Vorderseite des Gewebes und über einen Kettfaden auf der Rückseite. Ob sich die »Masche« nach oben oder nach unten neigt, hängt davon ab, wie man den Schussfaden um den Kettfaden schlingt. Diese Technik ist eine Variante des »Soumak«, die traditionell beim Weben gemusterter Orientteppiche angewandt wird.

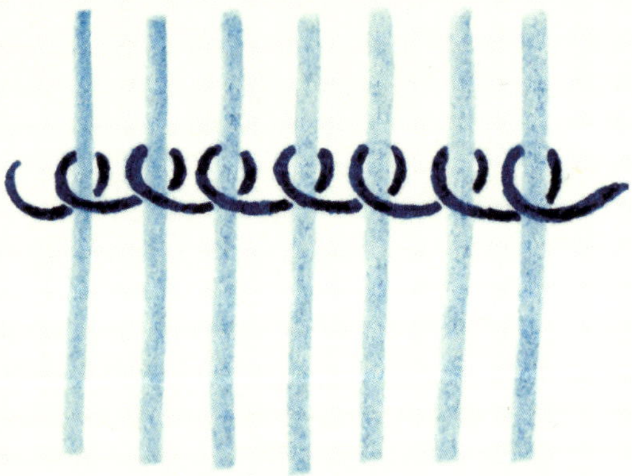

GELBE WOLKENLINIEN

Für einzeln gesetzte Punkte (gestrichelte Querlinien im Bild) wickelt man den (hier gelben) Schussfaden jeweils zweimal um einen Kettfaden. Der Schuss kann dann auf der Rückseite zum nächsten Kettfaden im selben Fach laufen, wo dieser wieder zweimal umwickelt wird (1). Das wiederholt man, bis die Punktreihe die gewünschte Länge hat. Die Optik entspricht dabei der Rückseite der Soumak-Variante.

Dann nimmt man einen Schussfaden in der Hintergrundfarbe (im Bild Blau-Weiß) und wiederholt das Ganze, aber diesmal wickelt man den Schuss nur einmal um jeden Kettfaden, der unbedeckt zwischen den gelben Punkten liegt (2). Achten Sie beim Weiterweben darauf, dass der erste Schuss so zwischen den gelben Punkten liegt, dass diese auf der Vorderseite erscheinen.

1

2

PINKFARBENE WOLKENLINIEN

Die pinkfarbenen Wolkenlinien bestehen hier aus zwei Reihen von Umschlingungen, die wie die gelben Wolkenlinien gefertigt wurden. Da das hier verwendete pinkfarbene Garn dünner ist als das gelbe, besteht jeder Punkt aus drei Umschlingungen, das Garn wurde also dreimal um den Kettfaden gewickelt.

Weben mit dem Gurtwebgerät

Der Name »Gurtwebgerät« weist schon darauf hin, dass die Kette an einem Gurt (oder Band) befestigt – und damit gespannt – wird, der um den Rücken führt. Fast alle Projekte in diesem Buch basieren auf dieser Technik, die bisher in einer vereinfachten Form für das Weben von Bändern vorgestellt wurde. Gurtwebgeräte findet man in der Literatur und im Internet unter zahlreichen verschiedenen Begriffen, unter anderem Gurtwebstuhl, Hüftwebgerät, Hüftwebstuhl und Rückenbandwebstuhl. Der englische Begriff für die Technik lautet »backstrap weaving«, das Gerät wird »backstrap loom« genannt.

Ein Gurtwebgerät besteht aus einem Bündel von Stäben, etwas Garn und einigen Bändern. Die Litzen bestehen nicht aus Lochstäben wie bei einem Gatterkamm, sondern aus Schlaufen aus dünnem, reißfestem Garn. Die Litzenschlaufen bindet man, nachdem die Kette aufgezogen ist. Für jede neue Webarbeit bindet man also einen neuen Satz von Litzen.

Hauptvorteile dieser Technik sind die freie Wahl der Litzen-Anzahl, der minimale Platz zur Aufbewahrung des Webgeräts, und dass sich darauf relativ große Textilien weben lassen. Darüber hinaus ist es eine sehr kostengünstige Art von Webgerät, die sich vielfältig anpassen lässt. Solche Gurtwebgeräte finden sich in vielen Kulturen weltweit und es gibt sie in den verschiedensten Formen. Und so arbeite ich!

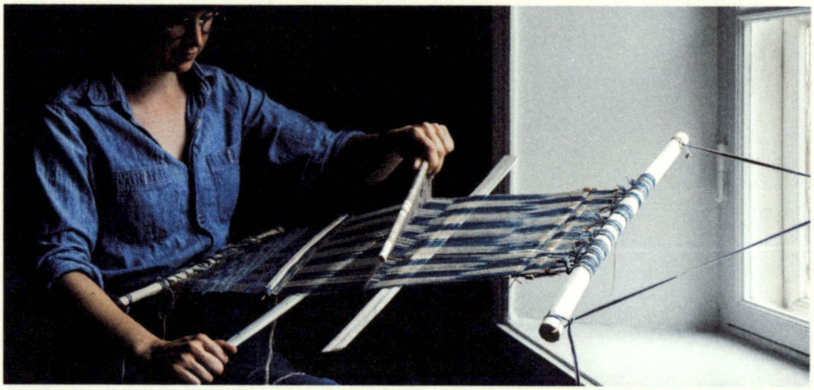

WEBEN MIT DEM GURTWEBGERÄT

7
8
10
6
5
3
4
11
2
1
9

MEIN GURTWEBGERÄT

Fertige Gurtweb-Sets gibt es online zu kaufen (englischer Suchbegriff: *backstrap weave/loom*). Sie können aber auch selbst eines aus ein paar Stöcken bauen, eine Anleitung dazu finden Sie auf Seite 122.

1. Vorderer Längerstab – Sitzt nah am Körper. Die Kette ist daran festgeknotet und an seinen Enden ist das Taillenband befestigt.
2. Aufrollstab – Um das Gewebe auf den vorderen Längerstab aufzurollen, wird der Aufrollstab zwischen Gewebe und vorderem Längerstab platziert. Dann wird das Taillenband um beide gemeinsam herumgewickelt, damit sie verbunden sind und das Gewebe sich nicht abrollen kann.
3. Litzenstab – Stab, an dem die Litzen festgeknotet sind.
4. Anschlagstab – Hilfsstab, der verwendet wird, um das Fach zu öffnen und den Schuss anzuschlagen. Auch Webschwert genannt.
5. Trennstab – Sitzt immer im Gewebe und fixiert eines der Fächer in der richtigen Position. Wird hochkant gestellt, um ein Fach zu öffnen.
6. Kreuzstäbe – Zwei Stäbe, die weit hinten in der Kette sitzen und für die richtige Reihenfolge und Verteilung der Fäden sorgen.
7. Hinterer Längerstab – Sitzt ganz hinten in der Kette. An seinen Enden wird ein Band befestigt, das an einem festen Punkt (wie einem Fenstergriff) fixiert wird.
8. Leinengarn 35/2 – Zum Knoten der Litzen.
9. Zwei Bänder – Für jeden Kettbaum eines.
10. Stück Karton – Um die Litzen beim Binden abzumessen, damit sie alle gleich lang werden.
11. Breithalter – Hilfsstab, der das Gewebe in gleichmäßiger Breite hält.

EINE WEBARBEIT AUF DEM GURTWEBGERÄT EINRICHTEN

Lesen Sie zuerst die Anleitung für die Leinwandbindung auf Seite 47, denn sie ist eine vereinfachte Version der hier vorgestellten Technik. Im Prinzip funktioniert sie genauso, nur in größerem Maßstab. Beachten Sie, dass es etwas Zeit erfordert, eine größere Webarbeit, wie hier beschrieben, vorzubereiten. Rechnen Sie mindestens einen Abend dafür ein, bevor Sie mit dem Weben beginnen können.

Schären Sie die Kette auf einem Tisch oder einem Schärbaum. Befestigen Sie dann die Kettfäden am hinteren Kettbaum (mit Knoten, wenn die Kette auf einem Tisch geschärt wurde; oder indem Sie den Kettbaum durch die Schlaufen führen, die sich an einem Ende der Kette am Schärbaum gebildet haben).

Die Kreuzstäbe können als Paar mit Garn zusammengeknotet oder einzeln verwendet werden. Achten Sie darauf, die Stäbe immer festzubinden, damit sie nicht aus der Kette herausrutschen.

Das ist nicht einfach, wenn die Kettfäden locker sind. Vielleicht kann Ihnen jemand dabei behilflich sein und das vordere Ende der Kette festhalten. Wenn nicht, können Sie es vorübergehend an einem stabilen Widerstand (wie einem Fenstergriff) festbinden. Wenn die an den Enden mit Garn verbundenen Kreuzstäbe sich nicht durch die Kette bewegen lassen, können Sie sie einzeln durchschieben, aber immer mit einer »Sicherheitsschnur«, die über die Stäbe gespannt ist, damit sie nicht aus dem Gewebe rutschen, falls sie losgelassen werden. Nun arbeiten Sie eine Luftmaschenkette durch die Kettfäden vor dem hinteren Längerstab und schieben diese so nah wie möglich an den Kettbaum.

Sitzt die hintere Luftmaschenreihe, zieht man die Kreuzstäbe durch die Kette nach vorn, bis etwa 40 Zentimeter vor dem vorderen Ende. Es ist ratsam, die Kette auf einer Tischplatte abzulegen, damit nichts tief fallen kann, sollten Sie etwas verlieren.

Teilen Sie die Kette in Bündel auf, befestigen Sie den vorderen Längerstab mit einem Band an der Taille und knoten Sie die Fadenbündel mit Doppelknoten am Kettbaum an. Justieren Sie die Kettspannung, indem Sie die Knoten anziehen oder lockern, bis sie sich gleichmäßig anfühlt. Wenn die gesamte Kette angeknotet ist,

Die Litzen werden festgebunden.

ziehen Sie die Kreuzstäbe etwas näher zu sich heran, häkeln eine Luftmaschenkette und schieben diese nah an den vorderen Kettbaum.

Jetzt werden die Litzen geknotet. Dazu kann man Leinengarn 35/2 verwenden, das dünn und glatt, aber reißfest ist. Legen Sie das Litzengarn und den Litzenstab bereit, schneiden Sie ein Stück Karton von zehn mal sieben Zentimeter zu, setzen Sie sich an die Webarbeit und legen Sie das Garnknäuel auf das Knie. Knoten Sie das Garn um das Ende des Litzenstabs, und platzieren Sie die Kreuzstäbe 15–20 Zentimeter vom vorderen Kettbaum entfernt. Für die Leinwandbindung müssen Sie die Hälfte der Fäden mit dem Litzenstab verbinden, und weil diese so schön ordentlich zwischen den Kreuzstäben liegen, sieht man leicht, welche zuerst befestigt werden müssen. Alle Kettfäden, die über dem Kreuzstab liegen, der Ihnen am nächsten liegt, müssen mit einer Fadenschlaufe am Litzenstab befestigt werden, einer nach dem anderen.

Knoten Sie die Litzenschlaufen, indem Sie den Litzenfaden unter dem Kettfaden, den Sie befestigen wollen, durchziehen und einmal gedreht auf den Litzenstab legen. Dann schlingen Sie den Litzenfaden ein zweites Mal um den Stab herum und bilden so eine Schlaufe, die die Litze in der richtigen Länge am Stab festhält.

Damit alle Litzenschlaufen gleichlang werden, verwenden Sie das Kartonstück. Halten Sie es mit der Hand, mit der Sie auch den Litzenstab halten, und ziehen Sie am Litzengarn, bis der entprechende Kettfaden sich an die Unterseite des Kartons legt. Auch wenn es zunächst umständlich erscheint, probieren Sie es aus! Nach einer Weile kommt man in den Rhythmus, dann geht das Litzenknoten doch recht schnell.

Das zweite Fach benötigt keine Litzen, denn es wird mit einem Trennstab geöffnet. Den Litzenstab können Sie jetzt nach vorn an den vorderen Längerstab ziehen, damit er aus dem Weg ist. Nehmen Sie den Trennstab und heben Sie für das zweite Fach alle Fäden, die über den hinteren Kreuzstab laufen, vor dem vorderen Kreuzstab auf den Trennstab. Nun können Sie die Kreuzstäbe so weit wie möglich nach hinten schieben, weil sie für das Weben selbst nicht benötigt werden, sondern die Kette nur im Hintergrund parallel geordnet halten sollen.

Jetzt können Sie mit dem Weben beginnen. Öffnen Sie das erste Fach, wobei die Kette gut gespannt bleiben muss, und heben Sie den Litzenstab an. Öffnet sich das Fach nicht richtig, bewegt man den Litzenstab ein paar Mal von sich weg und wieder zu sich, das sollte helfen. Führen Sie den Anschlagstab ein und stellen Sie ihn im Gewebe hochkant, damit er eine schöne Öffnung bildet, durch die Sie den Schuss einlegen. Danach ziehen Sie den Stab wieder heraus.

Das zweite Fach wird geöffnet, indem der Trennstab im Gewebe hochkant gestellt wird. Die Kettspannung hält ihn fest. Das Aufstellen des Trennstabes geht einfacher, wenn man vorher den Litzenstab zum Trennstab schiebt. Stellen Sie also den Trennstab hochkant und schieben Sie dann den Anschlagstab vor den Litzen in das Fach, um zu prüfen, ob alle Fäden richtig liegen. Anschließend schlagen Sie den vorherigen Schuss an und legen dann wieder das Garn für den nächsten Schuss ein.

Nach einigen Schüssen erkennt man, ob die Kettspannung irgendwo justiert werden muss. Lösen Sie dazu die Knoten und lockern Sie sie, oder ziehen Sie sie fest, bis alle Schüsse sich gleichmäßig legen. Wenn Sie eine gute Webbreite gefunden haben, kann es hilfreich sein, sich einen Breithalter (siehe Seite 121) anzufertigen, damit das Gewebe sich nicht zusammenzieht und während des Webens schmaler wird.

Nach etwa 20 bis 30 Zentimetern werden Sie kaum mehr an die letzte Webreihe herankommen. Nehmen Sie dann den Aufrollstab und wickeln Sie das bisher Gewebte auf, wie auf Seite 50 beschrieben.

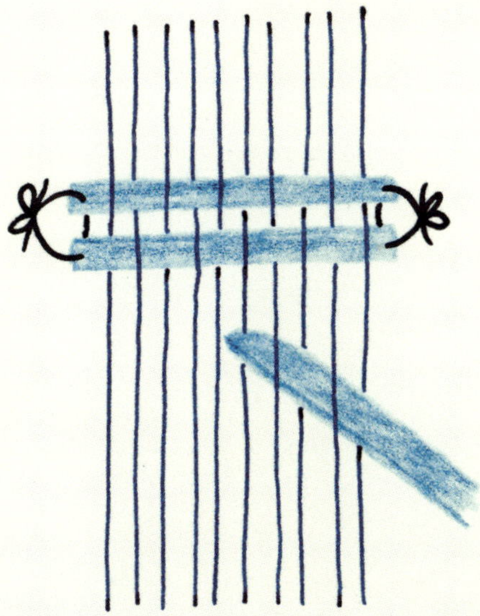

Die Fäden, die über den hinteren Kreuzstab laufen, werden mit dem Trennstab aufgenommen.

KARIERTES KÜCHENTUCH

Ausgeglichenes Gewebe mit zufälligem Karomuster

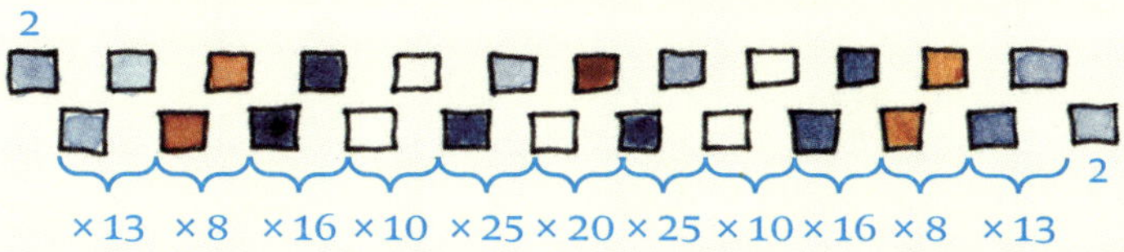

– Kette: Cottolin 22/2, Baumwollgarn 8/2, handgesponnenes Baumwollgarn von unbekannter Stärke

– Schuss: Cottolin 22/2, Baumwollgarn 8/2, handgesponnenes Baumwollgarn von unbekannter Stärke

Küchentücher auf einem Gurtwebgerät herzustellen, dauert wesentlich länger als sie auf einem größeren Webstuhl zu weben, aber es geht. Dieses Küchentuch ist als ausgeglichenes Gewebe mit gleicher Kett- und Schussdichte gefertigt. Die Karos entstehen, wenn sich die Farben von Kette und Schuss treffen.

Für Kette und Schuss wurden Baumwoll- und Leinengarn in verschiedenen Stärken verwendet. Wenn man verschiedene Garnqualitäten nebeneinander verarbeitet, verhalten sich die Garne unterschiedlich, weil sie sich nicht in der gleichen Weise ins Gewebe legen. Deshalb wurde das Streifenmuster der Kette in der Mitte gespiegelt, sodass sich die unterschiedliche Einwebung gleichmäßig über die ganze Breite verteilt. Die dunkelblauen Randstreifen in der Kette sind aus Leinengarn, das weniger elastisch ist als das Baumwollgarn. Hätte man für die rechte Seite der Kette Leinengarn verwendet und für die linke Seite Baumwollgarn, dann hätte sich Letztere wahrscheinlich gekräuselt.

Die Streifen beim Schuss sind frei gewebt, ohne eine bestimmte Breite. So werden die Karos etwas abwechslungsreicher und lebendiger.

TOPFLAPPEN AUS FLICKENGEWEBE

Karierter loser Kettrips

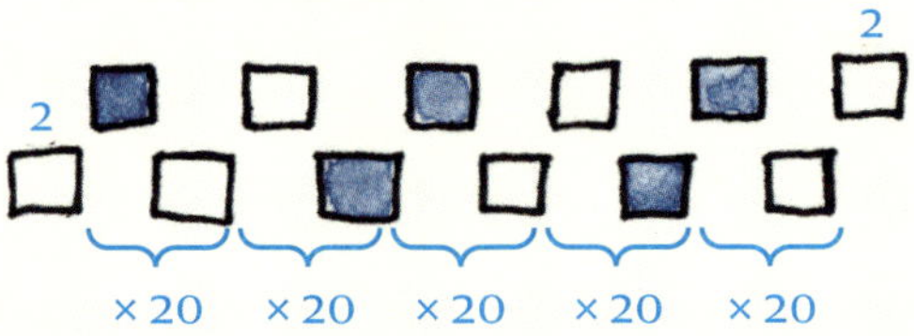

– Kette: Leinengarn 16/2, Cottolin 22/2 – Schuss: Stoffstreifen, Cottolin 22/2

Ein loser Kettrips ist eine Variante, bei der die Kettfäden so lose stehen, dass man den Schussfaden zwischen ihnen sehen kann, was zu Farbveränderungen führt, die etwas subtiler sind als bei einem Karogewebe in Leinwandbindung.

Hier wurde mit zwei Farben in der Kette (weiß und blau) und drei Farben im Schuss (hellblau, dunkelblau und rot) gewebt. Das Karomuster entsteht dadurch, dass die Kettfäden fadenweise unterschiedliche Farben haben und immer nur eine davon oben zu sehen ist. Wenn man mit einem Schussgarn webt, das die gleiche Stärke hat wie das Kettgarn, ergibt sich dieser Effekt nicht, aber wenn ein Schuss dicker ist, wird er sehr deutlich. Der Schuss besteht hier aus Stoffstreifen in verschiedenen Blautönen, bei denen die helleren Streifen die jeweils hellen Kettfäden optisch verstärken und umgekehrt. Indem jeweils abwechselnd mit drei hellblauen und drei dunkelblauen Streifen gewebt wurde, entsteht ein fließendes Farbspiel, das einen ruhigen, aber lebendigen Ausdruck bekommt. Die Wirkung wird dadurch erzielt, dass sich ein dicker Schuss mit einem dünnen abwechselt.

Ziehen Sie abwechselnd einen weißen, dann einen blauen Kettfaden auf, bis es 40 Fäden sind. Nach dem letzten blauen Faden ziehen Sie einen weiteren blauen auf und dann wieder abwechselnd weiße und blaue, bis es weitere 40 Fäden sind. Machen Sie so weiter bis zur gewünschten Breite. Das abgebildete Gewebe besteht aus fünf Karos à 41 Fäden, also 205 Fäden insgesamt. An den Kanten wurden die beiden äußersten Fäden doppelt aufgezogen, sodass es eigentlich insgesamt 209 Fäden sind.

Wenn die Kette fertig aufgezogen ist, die Litzen angebracht sind und Sie mit der Breite zufrieden sind, weben Sie fünf Zentimeter mit rotem Cottolin und beginnen

erst dann mit den Stoffstreifen. Diese sollen so dicht wie möglich im Gewebe liegen, deshalb können Sie sie etwas verdrehen, bevor Sie sie in das Webfach einlegen.

Ein Trick, um einen fest angedrückten Schuss zu bekommen, besteht darin, sich beim Anschlagen etwas nach vorn zu neigen, denn wenn die Spannung in der Kette nachlässt, kann man fester anschlagen. Nun weben Sie abwechselnd einen Schuss mit Cottolin und einen mit Stoffstreifen, bis Sie die Farbe für die Karos wechseln möchten. Dann weben Sie zwei Schuss mit Cottolin hintereinander und machen dann wieder abwechselnd mit Stoffstreifen und Cottolin weiter. Hier muss der Schuss nicht in Bogen gelegt werden, weil bei dieser Art Gewebe die Kette dominiert. Trotzdem ist es gut, wenn der Schuss locker eingelegt wird. Beim Weben mit Stoffstreifen zieht sich das Gewebe besonders leicht zusammen und wird schmaler. Legen Sie deshalb den Stoffstreifen nicht zu eng um die Kanten und achten Sie darauf, die Kette nicht zusammenzuziehen. Verwenden Sie, wenn nötig, einen Breithalter.

Wenn Sie mit einem Stoffstreifen einen neuen Karo-Streifen beginnen, schneiden Sie das Stoffende schräg, lassen es etwa vier Zentimeter an der Kante überstehen und legen dann das schräge Ende in das nächste Fach, um es zu sichern (siehe Seite 16). Um einen Stoffstreifen mitten im Schuss anzusetzen, schneidet man die Enden des neuen und des alten Streifens schräg und lässt sie im Webfach überlappen.

Hat der Topflappen die passende Länge, weben Sie noch fünf Zentimeter nur mit Cottolin, bevor Sie mit dem nächsten Stück beginnen. Diese glatten fünf Zentimeter bilden die Saumkante des Topflappens, die umgeschlagen und festgenäht wird. Besonders Eifrige fertigen auch noch ein Band zum Aufhängen der Topflappen.

LAPTOP-HÜLLE

Karierter loser Kettrips

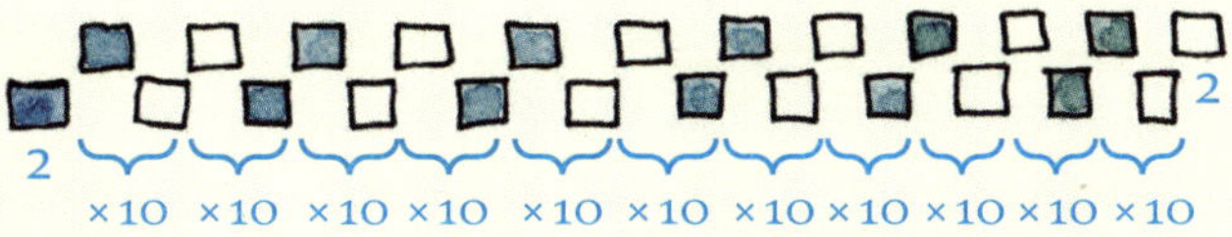

- Kette: Baumwollgarn 8/2 in Weiß und Blau
- Schuss: verschiedene Garne, wie ungebleichtes Leinengarn 8/3, Cottolin 22/2, Baumwollgarn 8/2, Leinengarn 12/2

Diese Webarbeit ist eine etwas breitere Variante der vorherigen. Nehmen Sie für die Kette je einen weißen und einen blauen Faden (gleichzeitig) in die Hand und schären Sie zehn Doppelfäden, sodass es insgesamt 20 Fäden sind. Machen Sie anschließend eine Runde nur mit blauen Fäden und wiederholen Sie das Ganze, bis eine Kette mit 147 Fäden Breite entstanden ist.

Nachdem die Kette eingerichtet ist, wählen Sie Garne in bevorzugten Farben aus und weben dann abwechselnd je einen dicken und einen dünnen Schuss. Wie bei den Topflappen entstehen durch die nebeneinander liegenden blauen Fäden Längsstreifen. Diese wechseln zu weißen Streifen, wenn man entweder zwei dicke oder zwei dünne Schuss nacheinander ausführt. Für den dicken Schuss legen Sie ein langes Stück Faden zweimal doppelt, sodass das Garn vierfach verwebt wird.

Zur Fertigstellung falten Sie das Gewebe mittig und nähen es an den Seiten zusammen. Da die Hülle (je nach Laptop-Größe) eng sitzt, braucht sie keinen Reißverschluss; man kann aber auch einen einnähen. Hier genügte ein Saum an der Öffnung.

Laptop-Hülle aus losem Kettrips

Handtücher

HANDTÜCHER

Gemustertes Gewebe mit vier Schäften auf dem Gurtwebgerät

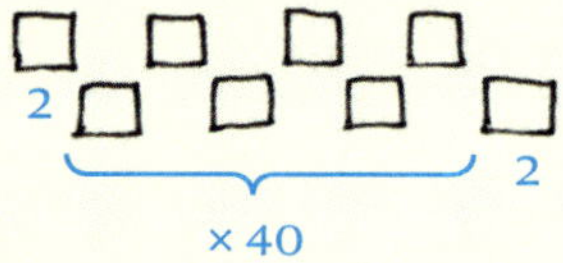

- Kette: Baumwollgarn ca. 11/2
- Schuss: Baumwollgarn ca. 11/2, handgesponnenes Baumwollgarn

Was passiert, wenn man mehrere Litzenstäbe verwendet? Dann gibt es mehr Möglichkeiten für Muster. Bei diesem Webstück mit vier Schäften wurde abwechselnd Leinwandbindung und ein Muster gewebt.

Hierzu wurde kein Trennstab verwendet. Alle Kettfäden sind mit Litzen an Litzenstäben befestigt. Das Muster entsteht, indem entweder ein Schaft oder mehrere zusammen angehoben werden, um ein Fach zu bilden.

Die Kette besteht aus einfarbigem weißem Baumwollgarn ohne Kennzeichnung, das aus dem Secondhandladen stammt. Die Stärke schätze ich auf etwa 11/2. Ich habe mich für zwei Kettfäden je Litze entschieden, damit das Gewebe etwas gröber wird und es beim Weben auch etwas schneller geht, als wenn ich das Garn einfach genommen hätte. Die Kette ist 492 Fäden breit – wenn Sie stattdessen mit einem dickeren Garn weben möchten, beispielsweise 22/2, benötigen Sie nur die Hälfte der Kettfäden für das gleiche Ergebnis. Der Einfachheit halber ist diese Anleitung für (dickere) Einzelfäden geschrieben.

Die abgebildete Skizze nennt man »Einzugspatrone«, sie ist eine etwas kompliziertere Version der anderen Skizzen in diesem Buch, die die Anordnung der Kette beschreiben. Noch aufwendigere Versionen dieser Einzugspatrone für das Weben mit vielen Schäften findet man in Fachbüchern. Man kann sie als eine Art Rezept für Webarbeiten bezeichnen. Dieses Beispiel zeigt, wie sie gelesen und umgesetzt wird:

An den vier Schäften dieser Webarbeit ist jeweils eine unterschiedliche Anzahl von Litzen mit Kettfäden befestigt.Hier entspricht eine Kästchenreihe einem Schaft im Gewebe; ein Kästchen entspricht einem Kettfaden. Am ersten Schaft wird also der erste Kettfaden befestigt, dann werden fünf Fäden übersprungen und wieder ein Faden befestigt, das wird fortlaufend wiederholt.

Am zweiten Schaft überspringt man einen Kettfaden, befestigt einen, überspringt drei, befestigt einen, überspringt einen, befestigt einen. Zum Schluss sind alle Kettfäden an einem der Schäfte befestigt.

Die Litzen lassen sich leichter einknoten, wenn die Fäden für diesen Schaft von den anderen Kettfäden getrennt sind. Deshalb ist es ratsam, alle Fäden, die auf den ersten Schaft sollen, mit einem flachen Stab wie dem Trennstab anzuheben und diesen auf der Kette nach hinten zu schieben. Dann werden alle Kettfäden für den zweiten Schaft auf einen zweiten Stab gehoben. Wenn so alle vier Schäfte angehoben und mit Stäben fixiert sind, kann man prüfen, ob unter der Kette noch ein Faden liegengeblieben ist. In diesem Stadium hat man noch die Möglichkeit zur Korrektur – was beruhigend sein kann. Wenn alle Fäden an Ort und Stelle liegen, nimmt man die Litzenstäbe und knotet alle Litzen, wobei man mit dem vordersten Stab beginnt.

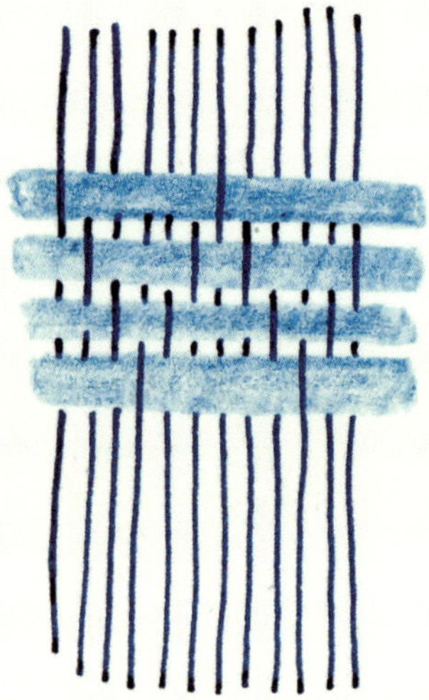

Die Kettfäden der verschiedenen Schäfte werden auf flache Stäbe angehoben, bevor man mit dem Knoten der Litzen beginnt.

Um in Leinwandbindung zu weben, also hier den ungemusterten Teil des Gewebes, heben Sie Schaft 1 und 3 an, sodass das erste Webfach gebildet wird, und danach Schaft 2 und 4, um das zweite Fach zu bekommen. Ein »sauberes Webfach« erhält man am leichtesten, wenn man zuerst den Schaft mit den meisten Kettfäden hebt, in diesem Fall Schaft 2 oder 3, und danach den Schaft mit den wenigsten Kettfäden folgen lässt, hier Schaft 1 oder 4. Spannen Sie die Kette und bewegen Sie die Litzen etwas hin und her, damit sich das Fach öffnet. Weben Sie dann wie üblich.

Für das Zickzackmuster hebt man jeweils immer einen Schaft an. Heben Sie Schaft 1, 2, 3 und 4 der Reihe nach an und wiederholen Sie dann diese Schritte. Die Schäfte, die gerade nicht angehoben werden, bleiben mithilfe des Anschlagstabs unten. Damit der Schuss einen strukturierten plastischen Effekt erzielt, ist es hier wichtig, dass er bogenförmig eingelegt wird.

Nachbehandlung

Bevor Sie das neue Gewebe weiterverarbeiten, sollten Sie es unbedingt waschen. Eine Handwäsche in lauwarmem Wasser ist für das Garn das, was sich Ihr Chef von einem Wellness-Weekend für das Abteilungsteam erhofft! Was vor kurzem noch eine Menge separater Fäden war, ist nun zu einer Textilie geworden – und ein lauwarmes Bad hilft diesen, sich zu entspannen und gut miteinander auszukommen.

Damit ein frisch gewebtes Band noch etwas glatter wird, können Sie es mit lauwarmem Wasser anfeuchten und dann für ein paar Tage um ein großes rundes Glasgefäß zum Trocknen spannen. Halten Sie es einfach mit Stecknadeln zusammen.

Breitere Gewebe können für eine Weile in lauwarmes Wasser gelegt, dann zum Trocknen aufgehängt und später glatt gebügelt werden.

Bevor Sie Textilien in ein Wasserbad legen, sollten Sie gut überlegen, ob das Garn vielleicht ausfärben könnte. Bei neu gekauften Garnen ist das meist kein Problem, aber alte Garne vom Flohmarkt oder selbstgefärbte wollen uns da manchmal einen Streich spielen. Testen Sie es an einem kleinen Stück Garn, wenn Sie unsicher sind. Feuchten Sie es an und bügeln Sie es zwischen zwei Lagen Küchenpapier trocken. Färbt es ab, sieht man es auf dem Papier und die Textilie sollte nicht ins Wasser getaucht werden. Um sie zu glätten, kann man sie stattdessen von der Rückseite mit Dampf bügeln.

Lose Garnenden im Gewebe fädelt man auf eine Nadel und vernäht sie mit ein paar Stichen, bevor man sie abschneidet. Schussfäden, die bereits beim Weben im nachfolgenden Schuss eingearbeitet wurden, kann man ohne Vernähen mit einigen Millimetern Zugabe abschneiden.

Manchmal bietet der neugewebte Stoff Überraschungen, wenn man ihn in lauwarmes Wasser legt. Dabei können sich manche Fäden zusammenziehen, wenn man etwa verschiedene Materialien gemixt hat. Dann kann man den geschrumpften Teil unter Spannung mit Dampf bügeln. Wahrscheinlich zieht er sich aber bei der nächsten Wäsche wieder zusammen. Daher lohnt es sich immer, eine Webprobe zu machen und diese auch zu waschen, bevor man mit einem Großprojekt beginnt.

Ich habe einmal einen lockeren Wollstoff von vier Metern mit fest versponnenem Garn gewebt, das sich im Wasserbad so zusammenzog, dass es nach dem Trocknen extrem gewellt aussah. Hätte ich eine Webprobe gemacht, wäre das nicht passiert.

Ist das Gewebe getrocknet, kann es auch in kleinere Teile geschnitten werden, wie etwa für die Topflappen auf Seite 86. Handgewebter Stoff ist immer kostbar – deshalb sollten Sie auf jeden Fall sicherstellen, dass der Stoff nach dem Schneiden nicht ausfranst, denn dann würde das Gewebe nicht mehr für einen doppelt umgeschlagenen Saum reichen. Steppen Sie deshalb – vor dem Schneiden – zwei Reihen Zickzacknähte, eine auf jeder Seite der Schnittlinie. Dann können Sie beruhigt schneiden. Ist keine Nähmaschine zur Hand, schneidet man vorsichtig und trägt dann sofort etwas Textilkleber entlang der Schnittkante auf. Der Kleber trocknet innerhalb weniger Minuten und dann kann man die Kante – ohne Verluste – für den Saum einschlagen.

Kantenabschluss

Die Kanten einer fertigen Webarbeit lassen sich auf verschiedene Art sichern. Hier finden Sie einige gebräuchliche Techniken.

SAUMSTICH

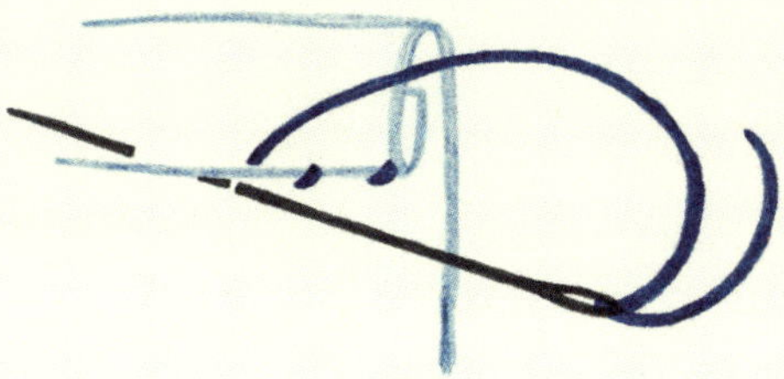

Die klassische Art, mit der handgewebte Handtücher gesäumt werden: Für den Saum schlägt man die Kante doppelt um, nimmt mit der Nadel nur einen Faden des unten liegenden Stoffs auf, führt die Nadel diagonal nach oben zur umgeschlagenen Kante und sticht dort aus. Der Nähfaden verschwindet zum größten Teil im umgeschlagenen Bereich, und der Stich ist nur minimal von der Vorderseite zu sehen.

GEKNOTETE FRANSEN

Ein schöner und doch ganz einfacher Abschluss: Man fasst einige Kettfäden zusammen und verknotet sie miteinander. Den Knoten schiebt man nach oben, während man ihn richtig fest anzieht.

1. Orientalische Borte   2. Hohlsaum   3. Geknotete Fransen   4. Saumnaht

ORIENTALISCHE BORTE

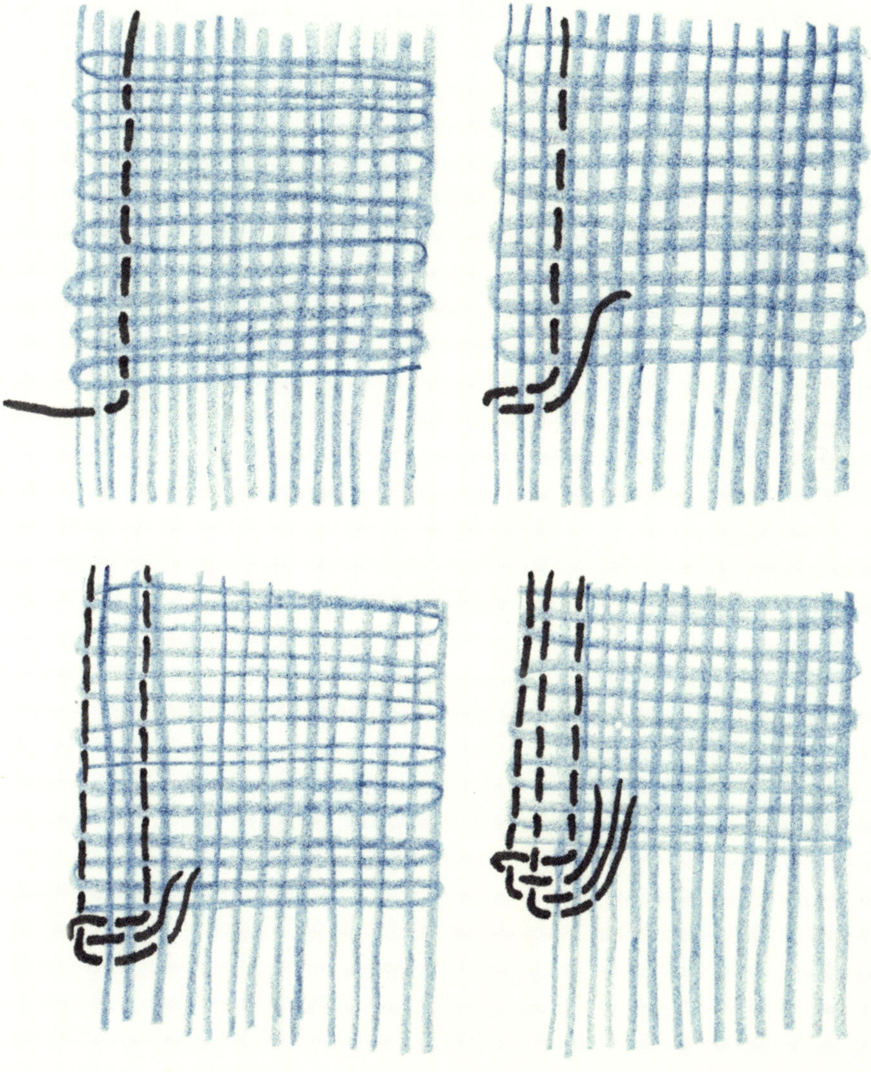

Hier werden die Kettfäden als Abschluss miteinander verflochten. Die Technik heißt Abflechten. Die allerletzten Fäden werden zu einem Zopf geflochten, der sichtbar überstehen kann oder aber auf der Rückseite festgenäht wird, ganz nach Belieben.

HOHLSAUM

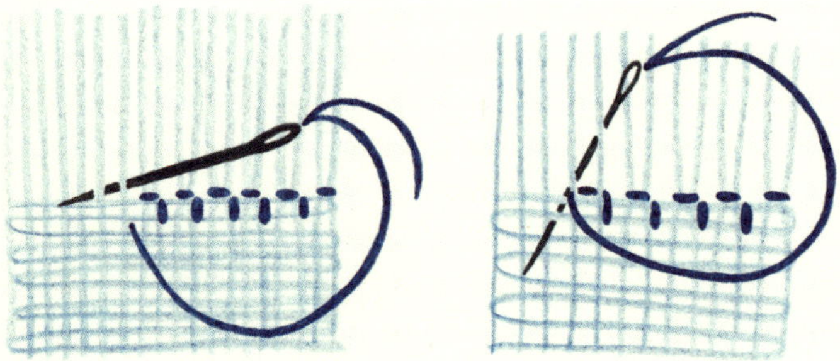

Ich verwende diesen Abschluss nur, um zu verhindern, dass der Webstoff bei der Wäsche ausfranst. Man kann diese Art Hohlsaum mit dickem Garn aber auch als dekorativen Abschluss einsetzen. Fädeln Sie einen kräftigen Faden auf eine Nadel, und arbeiten Sie von links nach rechts: Vernähen Sie den Faden im Gewebe, stechen Sie um zwei Kettfäden an der Kante herum und dann drei Schuss tief in das Gewebe ein. Wiederholen Sie dies, bis alle Kettfäden gesichert sind.

BANDABSCHLUSS

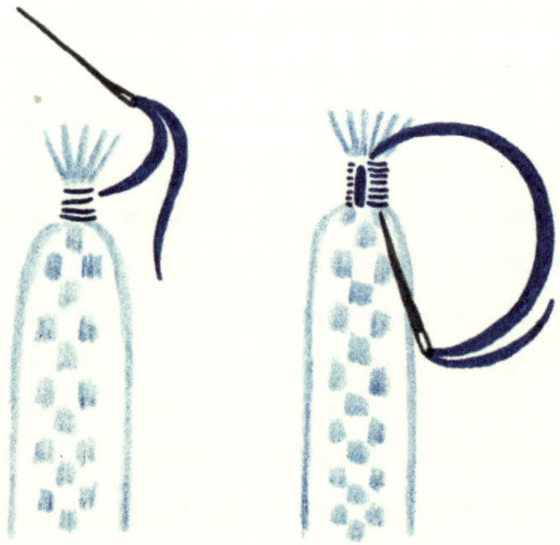

Ich wickle bei meinen gewebten Bändern oft das Schussgarn noch ein paar Mal um das Ende mit den Kettfäden und vernähe es mit einigen Stichen.

Problemlösungen

Ein Gewebe besteht aus jeder Menge Fäden – daher geht beim Weben nicht immer alles glatt. Zum Glück lassen sich die meisten Probleme recht einfach beheben.

DAS GEWEBE WIRD IN DER MITTE DICHTER – Häufig bei ausgewogenem Gewebe mit großer Breite. Versuchen Sie es mit einem Breithalter oder legen Sie das Garn weniger großzügig in Bogenform ein. Überprüfen Sie, ob die Kettfäden an den Kanten lockerer gespannt sind als diese in der Mitte.

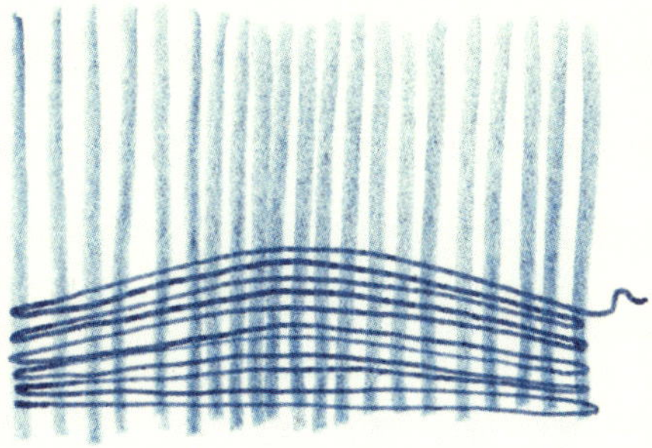

DAS GEWEBE WIRD SCHIEF – Dann ist die eine Seite der Kette zu locker gespannt. Spannen Sie die kürzere Seite nach, indem Sie die Knoten nachziehen.

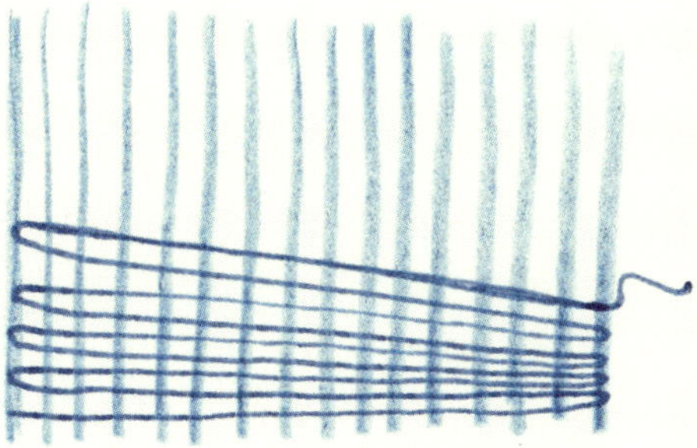

DER SCHUSS WELLT SICH AN DEN SEITEN NACH OBEN – Die Kette ist an den Kanten zu fest gespannt, lockern Sie diese etwas. Ansonsten kann es auch daran liegen, dass die Kettfäden an den Kanten dichter sitzen als im übrigen Gewebe. Versuchen Sie es mit einem Breithalter oder legen Sie den Schuss in etwas größeren Bogen ein.

DAS FACH ÖFFNET SICH NICHT RICHTIG – Einige Kettfäden können zu locker gespannt sein, oder vielleicht sind die Litzenschlaufen unterschiedlich lang? Es könnte sich auch ein Stück Faden zwischen den Kettfäden hinter dem Schaft verheddert haben und das Fach beim Öffnen blockieren.

EIN FEHLER BEI DEN LITZEN – Manchmal hat man einen Fehler bei den Litzen gemacht. Meist besteht er darin, dass zwei Fäden im Gewebe nebeneinander laufen, ohne dass sie von einem Faden aus dem anderen Fach getrennt werden. Dann kann man entweder einen der Fäden herausschneiden oder einen Faden hinzufügen, der zwischen den beiden läuft. Beachten Sie bei einem Gurtwebgerät, dass hier der Kettfaden in einer Schlaufe um den hinteren Längerstab liegt und in den nächsten Kettfaden übergeht, der ja erhalten bleiben soll. Knoten Sie daher das Ende des abgeschnittenen Fadens an den hinteren Längerstab.

Beim Hinzufügen eines neuen Fadens knoten Sie diesen um den Kettbaum, lassen ihn über die Kreuzstäbe an seinen Platz laufen, dann durch die Litze und weiter bis zu dem angefangenen Gewebe. Stecken Sie ihn mit einer Nadel fest und weben Sie ein paar Schuss, dann findet der Faden seinen Platz.

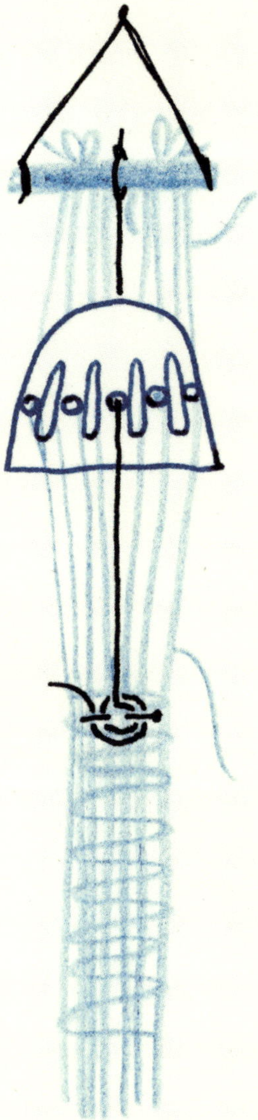

EINEN KETTFADEN ANSTÜCKELN – Es kommt manchmal vor, dass ein Kettfaden reißt – auch das gehört zum Weben. Lassen Sie den alten Kettfaden unter dem Gewebe hängen und tauschen Sie ihn gegen einen neuen aus, den Sie genauso einfügen wie den neuen Faden beim Litzenfehler (siehe Seite 102), dann ist wieder alles gut.

MADE IN JAPAN

TEIL 3

WERKZEUG

Webgeräte und -utensilien selbst herstellen

Als Kunsthandwerkerin, die mit Textilien arbeitet, habe ich mich lang mit den Webgeräten zufriedengegeben, die fertig erhältlich waren, und sie für meine Webarbeiten bestmöglich angepasst. Als ich dann eines Tages selbst anfing zu schnitzen, merkte ich, dass ich mich nicht mehr länger mit Gatterkämmen abfinden musste, die so schwer waren, dass sie kippten oder dass die Kettfäden nach unten gedrückt wurden. Ich musste auch nicht mehr geduldig abwarten, weil meine Webstuhlbestellung sechs Monate in Australien festhing. Jetzt konnte ich meine Geräte selbst herstellen!

SICHERHEIT BEIM SCHNITZEN

Wenn man beginnt, mit Holz zu arbeiten, ist es ratsam, sich die Zeit zu nehmen und erst einmal mit dem Schnitzmesser etwas auszuprobieren, wie eine kleine Figur oder ein Stäbchen, bis man ein Gefühl für das Messer in der Hand bekommt.

Die wichtigste Regel beim Schnitzen lautet: Willst du dieses Material beim Schnitzen entfernen? Und ist dein Finger dahinter? Dann nimm ihn weg. Danach kommen weitere Überlegungen: Wenn das Holz in diesem Moment bricht, habe ich dann das Messer in der Hand stecken? Hat man sich ein paar Mal in die Finger geschnitten, bekommt man auch dafür ein Gefühl.

Eine weitere gute Regel ist, nicht zu schnitzen, wenn man müde oder unkonzentriert ist. Oft ist das Schnitzen für mich die Belohnung nach einem arbeitsreichen Tag. Ist man aber eigentlich viel zu erschöpft, dann macht es auch nicht wirklich Spaß. Schnell macht man die Arbeit von vielen Stunden zunichte, wenn man sich schneidet oder seinen Gatterkamm zerbricht. Für solche Abende wäre es vielleicht besser, ein wenig weiter zu weben.

Mit einem scharfen Messer schnitzt es sich viel sicherer als mit einem stumpfen, denn es gleitet besser und man ermüdet beim Arbeiten nicht so schnell. Ein scharfes Messer erlaubt saubere Schnitte, wie gewünscht, bei einem stumpfen Messer können die Holzfasern absplittern, was beim Schnitzen kleiner Details fatal sein kann.

GATTERKAMM AUS GETRÄNKEKARTON

Not macht erfinderisch. Manchmal überkommt mich ein dringendes Verlangen, mich in ein kreatives Projekt zu stürzen, und dann spielt es keine Rolle, ob meine Webgeräte hübsch sind oder aus Holz mit einer schönen glatten Oberfläche. Dann kann aus einem Stück Karton wie von einer Getränke-Verpackung zur Not auch ein Gatterkamm werden – der ungefähr so lange hält, wie das Weben eines kurzen Bandes dauert. Stanzt man die Löcher mit einer Lochzange aus, dann haben sie glatte Kanten und die Fäden laufen leicht hindurch.

Sie benötigen:

- Getränkekarton oder ähnlich stabilen Karton
- Schere
- Stift
- Lochzange
- Lineal

Schneiden Sie ein rechteckiges Stück Karton zu und zeichnen Sie darauf drei Linien ein: eine in der Mitte und jeweils eine circa eineinhalb Zentimeter von Ober- und Unterkante entfernt. Zeichnen Sie auf der Mittellinie Punkte mit gleichmäßigen Abständen von etwa einem Zentimeter ein, die die Löcher des Gatterkamms markieren.

Zeichnen Sie nun mittig zwischen den Punkten der Mittellinie senkrechte Linien zu den Außenlinien ein. Diese Linien entsprechen den Schlitzen des Gatterkamms, markieren Sie dann jeweils an deren Anfang und Ende ebenfalls einen Punkt.

Knipsen Sie mit der Lochzange in jede Punktmarkierung ein Loch, sowohl an der Mittellinie als auch an den Außenlinien. Schneiden Sie dann ein bis zwei Millimeter breite Schlitze zwischen den oberen und unteren Löchern an den Längslinien ein.

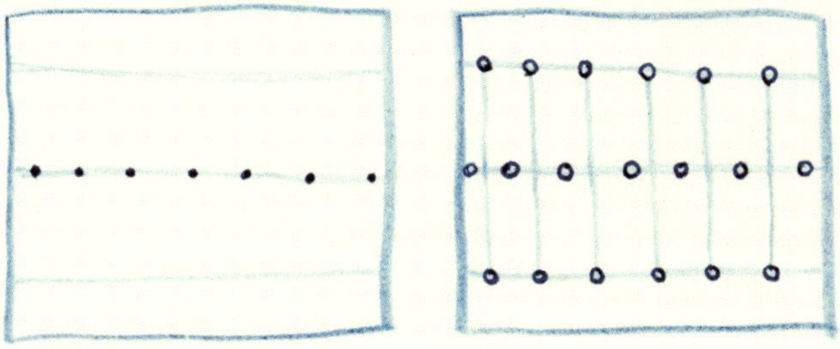

1
2
3
4
5
6
7
8

Mein Werkzeug

1. HOLZSPALTMESSER – Ein Fund vom Flohmarkt, mit dem ich Holzstücke spalte. Das Messer ist eigentlich dazu gedacht, um Anzündholz zu spalten, aber als Schnitzerin habe ich ja immer genug Späne zum Anzünden von Kaminfeuer.
2. BLEISTIFT – Dieser lag auf dem Boden, nachdem ich einen Schnitzkurs für Textilkonservatoren gehalten habe. Vielleicht ist er deshalb besonders gut.
3. SCHNITZMESSER – Ich verwende das Modell 120 von der Firma Mora. Mit diesem schnitze ich Gatterkämme und die Stäbe für Gurtwebgeräte oder kappe die Fäden, wenn gerade keine Schere greifbar ist.
4. KERBSCHNITZMESSER – Eigentlich wollte ich mit diesem Messer die Verzierungen meiner Gatterkämme schnitzen, aber ich benutze es, um in diese saubere Schlitze zu schneiden.
5. BOHRER – Dieser stammt aus einem Modellbauladen. Man hält ihn, indem man mit dem linken Daumen auf das obere Ende drückt und dann den unteren Bohrschaft mit der rechten Hand dreht. Funktioniert ohne Strom oder Batterien!
6. HOLZSTÜCK ALS UNTERLAGE – Man benötigt keine Werkbank, um Gatterkämme zu schnitzen. Es reicht ein Stück Holz, das man auf den Tisch legt, damit man keine Löcher in die Platte bohrt. Habe ich ein passendes Stück gefunden, verwende ich es so lange, bis seine Oberfläche voll mit kleinen Löchern ist.
7. SÄGE – Eine handliche, feingezahnte japanische Holzsäge, mit der man auch in Faserrichtung arbeiten kann. Praktischer als man denkt!
8. HANDAXT / MINIBEIL – Leichter und handlicher als eine Spaltaxt. Ich verwende sie, um meine Holzklötze so dünn wie möglich zu hacken, bevor ich sie ganz flach schnitze.

Vom Holzscheit zum Rohling

Als ich mit dem Schnitzen anfing, hatte ich nur drei Werkzeuge: eine Axt, einen Bohrer und ein Schnitzmesser. Inzwischen habe ich etwas mehr Werkzeug angeschafft, aber ich versuche, die Menge überschaubar zu halten. Das Schnitzen soll so einfach wie möglich sein, und ich will dafür nicht an einen bestimmten Ort gebunden sein.

Meine Gatterkämme sind aus ganzen Holzscheiten gefertigt, die ich zuerst mit der Axt bearbeite und dann zu dünnen Platten schnitze. Die ersten, die ich gemacht habe, waren aus Wacholderholz. Es ist gut geeignet für Anfänger, weil es weich ist. Nachteilig ist aber, dass es eine etwas fasrige Struktur hat und die Fasern oft etwas verdreht im Holz liegen, was saubere Schnitte erschwert.

Heute arbeite ich überwiegend mit Birkenholz, das zwar beim Schneiden härter, aber gerader gewachsen ist und etwas haltbarere Gatterkämme ermöglicht als der Wacholder. Auch andere Holzarten eignen sich gut zum Schnitzen, wichtig ist nur, dass das Holz astfrei ist und seine Fasern gerade sind.

Wenn ich Gurtwebgeräte anfertige, suche ich lange, gerade Stöcke aus, die eben möglichst astfrei sind. Junge Salweiden eignen sich gut, weil sie meist gerade gewachsen sind und leicht zu spalten, wenn man zwei gleiche Hälften haben will.

HOLZBESCHAFFUNG

Ich suche mir mein Material oft im Holzschuppen. Dort sieht man gut, welche Holzstücke glatt gespaltene Oberflächen haben, mit denen man leicht arbeiten kann. Aber nicht jeder hat so einen Holzschuppen voller Birkenholz um die Ecke ... Vor allem für Stadtmenschen kann es schwer sein, an ein paar gute Holzscheite und -stöcke zu kommen, in dem Fall rate ich: Suchen Sie sich einen Gartenfachbetrieb, der sich auf Baumschneide- und Baumfällarbeiten spezialisiert hat und fragen Sie, was man dort mit dem Abfallholz macht. Oft landet dieser Schnitt auf irgendeinem großen Haufen, und wenn man nett fragt, darf man sich dort bedienen.

TROCKENES ODER FRISCHES HOLZ

Ich arbeite oft mit trockenem Holz, aber viele Menschen bevorzugen noch leicht feuchtes. Beides hat seine Vorteile, frisches Holz lässt sich leichter schnitzen, wogegen das trockene etwas härter ist. Frisches Holz tendiert aber dazu, beim Trocknen zu reißen. Man kann das vermeiden, indem man Stücke spaltet, die dünner als ein Zentimeter sind, und diese trocknen lässt. Aber auch dann kann sich das Holz verziehen und man muss daran schnitzen oder hobeln, bis es wieder flach ist.

Wenn ich ein Holzstück aus dem Schuppen nehme, hat es dort bereits ein Jahr gelegen und ist getrocknet. Ich säge das Holzscheit an den Schmalseiten jeweils acht Zentimeter ab und habe somit die meisten Risse beseitigt.

VORBEREITUNG DES ROHLINGS

Für einen Gatterkamm benötigen Sie eine kleine, dünne Holzplatte von drei bis vier Millimetern Dicke. Diese Platte ist der Rohling und dieser entsteht, indem Sie ein Holzscheit (ein Stück Baumstamm, längs geviertelt) in kleine Stücke spalten. Ich verwende dazu ein altes Spaltmesser, es gibt aber auch besondere Spalteisen, falls das Messer zu klein erscheint. Für das Spalten selbst setzen Sie das Messer auf eine schmale Seite des Scheits und schlagen dann mit einem Holzklotz oder einem anderen Scheit darauf.

Beim Spalten eines Holzstücks sollte man immer versuchen, dieses in der Mitte zu teilen, also auf beiden Seiten des Messers gleichviel Material zu haben. Befindet sich auf einer Seite mehr Material, läuft der Spalt womöglich nicht in die gewünschte Richtung. Man kann also nicht ohne Weiteres eine ein Zentimeter breite Platte von einer Kante eines Holzscheits abspalten.

Das Holz lässt sich auch in dünne Platten sägen, der Vorteil des Spaltens ist aber, dass der Rohling stabiler wird, wenn die Fasern nicht angesägt werden, und man dann die Oberfläche beim Schnitzen leichter glätten kann.

Beim Spalten versuche ich, Holzplatten mit einer Stärke zwischen sechs Millimeter und einem Zentimeter zu erhalten. Diese sollten möglichst nicht aus dem Mark, dem Mittelpunkt des Baums, oder dem Bereich daneben sein, denn dort ist das Holz häufig etwas weicher als der Rest. Dann schnitze ich diese Platten auf eine Stärke von drei bis vier Millimeter, auch wenn es sich anbieten würde, sie zu hobeln. Ich finde es praktischer, einfach das Schnitzmesser zu nehmen und loszulegen. Wenn man die Gatterkämme nicht in Serie produzieren will, ist kein Hobel (mit Hobelbank) erforderlich. Aber wer bereits einen besitzt, weiß sicher auch damit umzugehen.

Wenn Sie einen geraden, flachen Rohling in passender Stärke haben, sollten Sie sich überlegen, wie der Gatterkamm aussehen soll.

EINEN GATTERKAMM SCHNITZEN

Sie benötigen:

- Rohling
- Bleistift
- Schnitzmesser
- Bohrer von 1,3 mm Durchmesser
- Kerbschnitzmesser
- evtl. Lineal

Zeichnen Sie auf dem Rohling die Form für den Gatterkamm mit dem Bleistift vor und schnitzen Sie alles weg, was übersteht. Man kann auch eine Dekupiersäge für die Konturen verwenden; ich finde es aber umständlicher, den Gatterkamm einzuspannen und eine Säge hervorzuholen als einfach nur ein Schnitzmesser.

Ist die Silhouette fertig, zeichnen Sie die Stellen für die Löcher und Schlitze ein: Ziehen Sie zuerst eine Linie für das untere Schlitzende, fünf bis zehn Millimeter von der Unterkante entfernt. Zeichnen Sie dann eine Linie für das obere Schlitzende ein. Die Linien sollten parallel zueinander verlaufen. Ich zeichne alles frei nach Augenmaß, man kann aber auch ein Lineal verwenden, um exakte Linien mit perfekten Abständen zu erhalten. Dann zeichnen Sie einen Strich genau in der Mitte der beiden Linien. Auf dieser Höhe werden die Löcher markiert.

Zeichnen Sie nun auf der Mittellinie die Lochpunkte ein, mit jeweils viereinhalb bis fünf Millimeter Abstand. Zum Schluss markieren Sie noch mit Längslinien die Stellen, an denen die Schlitze eingeschnitten werden. Diese verlaufen genau mittig zwischen den Lochpunkten.

Bohren Sie in jeden markierten Punkt der Mittelreihe ein Loch. Achten Sie dabei genau darauf, dass es genau auf dem Punkt landet, indem Sie die Bohrerspitze anfangs beim Ansetzen an der Stelle andrücken. Andernfalls riskiert man, dass der Bohrer das Loch einen halben Millimeter verzieht – was nach wenig klingt, in diesem Zusammenhang aber viel ausmacht.

Wenn alle Löcher der Mittellinie gebohrt sind, kontrollieren Sie noch einmal, ob alle an der richtigen Stelle sitzen. Sollte trotzdem ein Loch verrutscht sein, können die Linien für die Schlitze noch einmal nachgebessert werden. Dann bohren Sie an jedem Schlitzende ein Loch. Diese Löcher sind nicht zwingend erforderlich für die Funktion des Gatterkamms, verschönern ihn aber sehr.

Jetzt kommt wieder das Schnitzmesser zum Zug. Achten Sie darauf, dass es richtig scharf ist, das erleichtert die Arbeit. Schneiden Sie leicht schräge Schlitze entlang der Längslinien, sodass sich dort ein scharfes »V« bildet. Man muss dabei mindestens halbtief in den Rohling schneiden, aber versuchen Sie, noch tiefer zu schnitzen, bis es schon etwas heller aus dem Schlitz blitzt, bevor Sie den Rohling wenden und dann von der Rückseite den Schlitz komplett einschneiden.

Nun nehmen Sie ein kleines Kerbschnitzmesser, mit dessen sehr schmalen Blatt man perfekt saubere Schlitze schneiden kann. Schälen Sie vom oberen Loch aus kleine Späne von den Schlitzinnenseiten ab, bis die Lochkanten abgerundet sind und die Schlitze schön gleichmäßig verlaufen.

Sind alle Schlitze glatt geschnitzt, nehmen Sie noch die oberste Lage Holz von der Vorder- und Rückseite des Gatterkamms mit dem Schnitzmesser ab. Dabei verschwinden die letzten Bleistiftreste und Unebenheiten um die Schlitze und Löcher. Dann putzen Sie die Schlitzkanten noch einmal mit dem Kerbschnitzmesser, runden die Kanten etwas ab und gehen mit der Messerspitze durch das obere und untere Loch, um alle Faserreste zu entfernen. Zum Schluss können Sie Schmuckelemente wie ein Gesicht schnitzen oder die Außenkante des Gatterkamms abrunden.

EINEN BREITHALTER ANFERTIGEN

Wenn man ausgeglichene Gewebe herstellt, tendieren diese dazu, während des Webens schmaler zu werden. Das kann verschiedene Ursachen haben, aber oft hilft es, einen kleinen Breithalter einzusetzen, der das Webstück in der Breite hält. Man kann diesen flachen Stab in justierbarer Breite fertig kaufen, aber auch ganz leicht selbst schnitzen. Bevor Sie einen Breithalter anfertigen, weben Sie am besten bei Ihrem Projekt einige Zentimeter, damit Sie dafür die richtige Breite finden.

Sie benötigen:

- ein langes, dünnes Stück Holz, das sich gut biegen lässt
- zwei kleine Nägel (15–20 mm lang)
- Schnitzmesser
- festes Garn, wie Leinengarn 12/2
- evtl. Bienenwachs

Schnitzen Sie einen Stab, der so dünn ist, dass er sich vorsichtig biegen lässt. Kürzen Sie ihn auf die Breite des Webstücks plus zwei Millimeter auf jeder Seite ein.

Bringen Sie dann an beiden Stabenden, etwa einen Zentimeter von der Schmalkante entfernt, eine kleine Kerbe für den Nagelkopf an. Schnitzen Sie von hier aus eine Längsnut mithilfe zwei schräger Schnitte, in der der Nagelschaft liegen kann.

Legen Sie nun einen Nagel in Nut und Kerbe und drücken Sie ihn mit einem harten Gegenstand, wie der Rückseite des Schnitzmessers, fest an. Wickeln Sie das Leinengarn fest um das Stabende und so weit wie möglich bis zur Kante. Das Garn wird strapazierfähiger, wenn Sie es zuvor ein paar Mal über ein Stück Bienenwachs ziehen. Befestigen Sie den zweiten Nagel in der gleichen Weise am anderen Stabende.

Der Breithalter wird im Gewebe befestigt, indem man den Nagel des einen Stabendes vorsichtig in die Webkante sticht, dann den Spanner biegt, um den Nagel des anderen Stabendes an der anderen Webkante einzustechen. Biegt sich der Spanner dabei sehr durch, kann man ihn etwas herunterdrücken, damit er sich ausrichtet.

EIN GURTWEBGERÄT HERSTELLEN

Es ist so einfach, ein Gurtwebgerät anzufertigen, dass man für jede neue Webarbeit eigentlich gleich ein neues machen könnte.

Sie benötigen:

- Rundstäbe oder Stöcke:
  3 Stück mit 2–3 cm Durchmesser,
  5 Stück mit ca. 1 cm Durchmesser
- Schnitzmesser
- evtl. Axt
- evtl. Säge

Ich habe mir aus einem Reisighaufen am Wegrand einige junge gerade Weidenäste ausgesucht, sie zuhause auf passende Länge gesägt und die gesamte Rinde davon abgeschält. Die meisten Stücke habe ich mit der Axt halbiert oder geviertelt – sie eignen sich dann als Kreuzstab, Anschlagstab und Aufrollstab, aber zwei Aststücke ließ ich ganz. Mit einem Durchmesser von etwas mehr als zwei Zentimetern eignen sie sich ausgezeichnet als hinterer und vorderer Längerstab.

Man kann auf einem Gurtwebgerät Arbeiten bis zu dessen Breite abzüglich etwa 15 Zentimeter aufziehen. Mein breitestes Gurtwebgerät ist etwa 50 Zentimeter breit, mein schmalstes rund 20 Zentimeter. Das kleine verwende ich für Probearbeiten und kleine Projekte, denn wenn man nur zehn Zentimeter breit weben will, ist es mühsam, dafür ein schweres, breites Webgerät zu verwenden.

Den vorderen und hinteren Längerstab belasse ich ganz rund, Anschlag- und Kreuzstab will ich flach und breit haben. Ob die anderen Stäbe rund oder eckig sind, spielt keine große Rolle.

Alle Stäbe sollten ganz glatt sein, nur die Längerstäbe erhalten an den Enden eine kleine Rille, an denen später das Band befestigt wird. Um eine Rille zu schnitzen, ritzt man eine Linie rund um ein Stabende und kratzt die Späne heraus. Die Rille muss nur so tief sein, dass das Band nicht aus dem Kettbaumende herausrutscht.

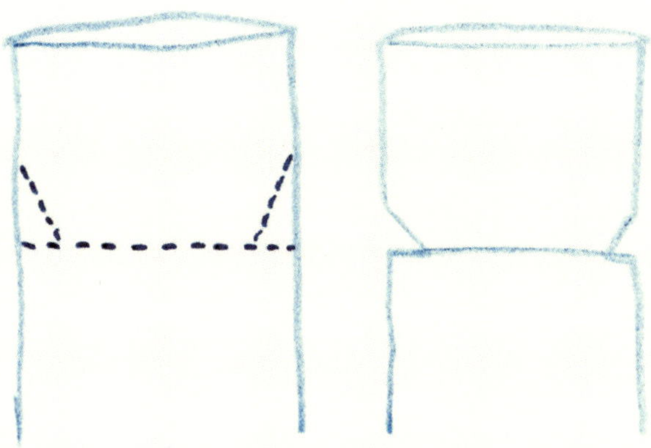

EINEN WEBRAHMEN BAUEN

Webrahmen können technisch hoch entwickelt sein, mit Vorrichtungen zum Spannen der Kette, zum Wechseln des Fachs und anderen Spezialfunktionen. Mein Rahmen ist so einfach wie möglich: Er besteht aus vier Holzleisten und ein paar Nägeln.

Sie benötigen:

- Nägel mit Stauchkopf (Drahtstifte, ca. 3 cm lang)
- Nägel mit Kopf (ca. 1,75 × so lang wie die Holzdicke, hier 5,25 cm), oder Schrauben
- 4 Rechteckleisten, jeweils ca. 4,80 cm × 3 cm stark, 50 cm lang
- Hammer
- Bleistift
- Zollstock / Lineal

Die Drahtstifte müssen in einer Reihe auf der Ober- und Unterkante des Rahmens sitzen, damit man an ihnen die Kettfäden spannen kann. Machen Sie zuvor an einem Kartonstück eine kleine Webprobe (siehe Seite 67), um zu sehen, wie dicht die Fäden sitzen sollen. Weil der Kettfaden um die Nägel herumgewickelt wird, entspricht ein Nagel zwei Fäden in der Kette – für einen Abstand von vier Millimetern zwischen den Kettfäden werden die Nägel mit acht Millimetern Zwischenraum gesetzt.

Wenn die Nägel so dicht in einer Reihe sitzen, kann es sein, dass das Holz aufreißt. Deshalb platziere ich sie etwas versetzt. Zeichnen Sie zunächst Punkte ein, an denen die Nägel sitzen sollen, dann können Sie sie auf zwei der Holzleisten einschlagen (hier jeweils auf der schmaleren Seite der Leisten).

Sind die Nagelreihen fertig, kann der Rahmen montiert werden: Legen Sie die vier Leisten an den Ecken rechtwinklig aufeinander und nageln Sie sie wie abgebildet zusammen, verwenden Sie dafür die längeren Nägel mit Kopf. (Die Skizze ist hier zur besseren Verständlichkeit ohne die Stiftreihen gezeichnet). Ich habe die Leisten von der Vorder- und zusätzlich von der Rückseite des Rahmens befestigt, damit sie nicht auseinanderfallen – durch Schaden wird man bekanntlich klug. Wenn Sie Schrauben verwenden, sind Sie auf der sicheren Seite.

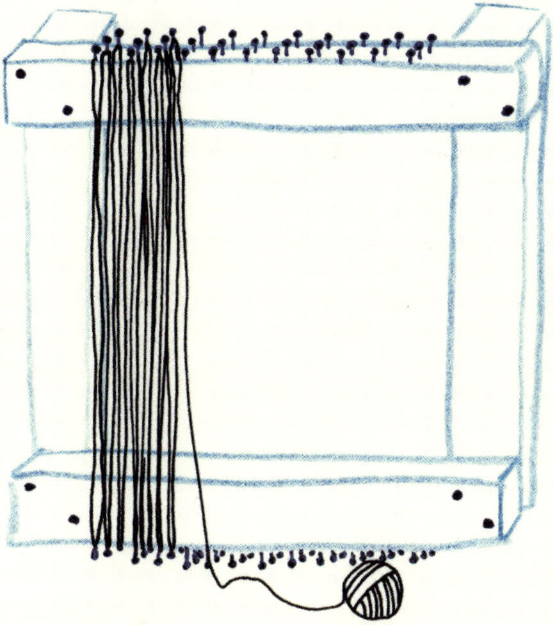

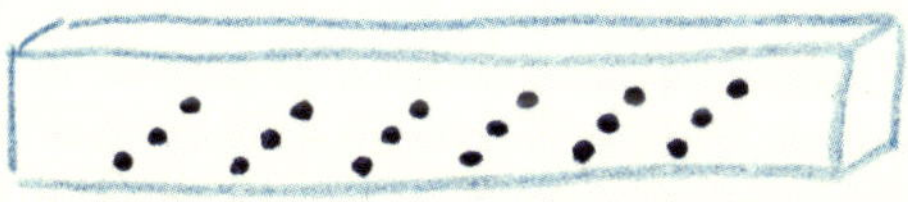

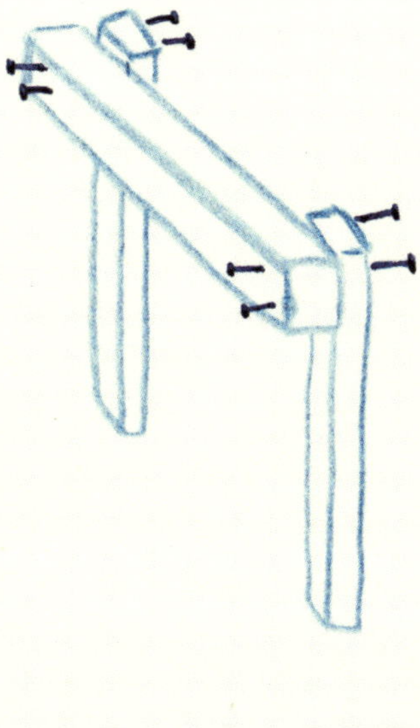

Nachwort

DER GATTERKAMM MEINES GROSSVATERS

Meine Großeltern mütterlicherseits waren beide Kunsthandwerker: Die Großmutter spezialisierte sich auf Textilien, der Großvater auf Dinge aus festen Materialien wie Knochen, Horn und Holz. Beide waren aktiv in der lokalen Handwerkervereinigung, wo sie auch Kurse hielten und ihre Erzeugnisse verkauften. Mein Großvater starb, als ich noch klein war, sodass ich nicht viele Erinnerungen an ihn habe. Aber ich erinnere mich genau, wie es war, wenn ich in seiner Werkstatt spielen durfte, wo es nach trockenem Holz roch und das Werkzeug noch viele Jahre an seinem Platz hing, nachdem er es zum letzten Mal benutzt hatte. Großvater markierte seine Werke und Produkte immer mit einem kleinen Zeichen, zwei Runen, die seine Initialen KN bildeten und die zufälligerweise auch meine Initialen sind.

Als ich während meines Studiums in der Nähe des alten Hofes wohnte, auf dem meine Großeltern gelebt hatten, besuchte ich einen Weihnachtsmarkt im örtlichen Hemslöjd-Laden, der schwedischen Vereinigung für textiles Kunsthandwerk. Ein Duft von Sägespänen und Wacholder, der mich an die alte Werkstatt erinnerte, schwebte über einer Schublade mit Holzgegenständen. Ganz oben lag darin ein großer Gatterkamm. Etwas an ihm war besonders. Obwohl ich keinen brauchte, weil ich zu Hause bereits etliche von meinem Großvater hatte, nahm ich ihn heraus und schaute ihn genauer an. Und – richtig – auf der Rückseite standen unsere Initialen, Großvaters und meine. Das KN schaute mich an und ich stellte fest, dass dieser Gatterkamm über zwanzig Jahre in der Schublade gelegen haben musste, ohne bei einem der Weihnachtsmärkte je verkauft worden zu sein. Nun hielt ich ihn in der Hand und meinte, deutlich die Nähe meines Großvaters zu spüren. Die Verkäuferin hatte keine Ahnung, dass der alte Mann bereits vor so langer Zeit gestorben war und wollte mir den Kamm gern verkaufen. Ich lehnte dankend ab, denn irgendwie scheint es mir, als wäre mein Großvater noch immer als Schnitzer aktiv, wenn seine Gatterkämme zum Verkauf ausliegen. Also liegt der Gatterkamm noch immer in dieser Schublade im Laden und wird jedes Mal an Weihnachten hervorgeholt. Ich hoffe es jedenfalls.

VON DER AUTORIN EMPFOHLENE LITERATUR

Arianna Funk und Miriam Parkman: *Att väva* (Natur & Kultur 2020).
Englische Ausgabe: *To Weave the Swedish Way: New Techniques and Modern Projects* (Trafalgar Square 2022)
Rebecca Mezoff: *The Art of Tapestry Weaving* (Storey Publishing 2020)
Heather Torgenrud: *Norwegian Pick-Up Bandweaving* (Schiffer Publishing 2014)
HV konsulentkursen: *Band på många sätt* (Ica-förlaget AB 1980)
Sarah C. Swett: *The Backstrap Dialogues* (PDF, 2017)
www.afieldguidetoneedlework.com/store

WEITERFÜHRENDE LITERATUR AUS DEM HAUPT VERLAG

Erika Arndt: *Handbuch Weben. Geschichte, Materialien und Techniken des Handwebens.* 3. Auflage 2018. 280 Seiten, Hardcover. ISBN 978-3-258-60189-2
Fiona Daly: *Große Textilien auf kleinem Rahmen weben. Techniken, Muster, Projekte.* 2023. 144 Seiten, Hardcover. ISBN 978-3-258-60268-4

Danke!
Meinem wunderbaren Publikationsteam: Maria, Elisabeth, Ellinor und Sebastian
Marie Ekstedt Bjersing für ihre Tipps zum Breithalter und der Garnstärke
Miriam Parkman und Sarah C. Swett für ihre Tricks und Tipps
Mama Karin, Großvater Kjell, Großmutter Gunn

1. Auflage: 2024

ISBN 978-3-258-60290-5

Aus dem Schwedischen übersetzt von Marie-Luise Schwarz, DE-Ratingen
Fachberatung durch Ursula Ebel, Meisterin im Weberhandwerk, DE-Böblingen
Lektorat der deutschsprachigen Ausgabe: Gisela Witt, DE-München
Satz der deutschsprachigen Ausgabe: Die Werkstatt Medien-Produktion GmbH, DE-Göttingen
Umschlaggestaltung der deutschsprachigen Ausgabe: Tanja Frey, Haupt Verlag
Fotos: Ellinor Hall; Illustrationen: Kerstin Neumüller; Layout: Sebastian Wadsted

Die schwedischsprachige Originalausgabe erschien 2021 unter dem Titel *SIMPLE WEAVE – Väv utan vävstol* bei Natur & Kultur, Schweden

Gedruckt in Slowenien

MIX
Papier | Fördert gute Waldnutzung
FSC® C106954

Wir drucken mit mineralölfreien Farben und verwenden FSC®-zertifiziertes Papier. FSC® sichert die Nutzung der Wälder gemäß sozialen, ökonomischen und ökologischen Kriterien.

Diese Publikation ist in der Deutschen Nationalbibliografie verzeichnet. Mehr Informationen dazu finden Sie unter http://dnb.dnb.de.

Der Haupt Verlag wird vom Bundesamt für Kultur für die Jahre 2021–2024 unterstützt.

© Shutterstock, Huza Studio